秋田藩小事典

金森正也

無明舎出版

秋田藩小事典◉目次

【コラム】

秋田藩小事典

凡例

○本書は、全体を「政治制度」・「村」・「町」・「鉱山」・「林政」・「産業・流通・海運」・「学問・教学」の七つの章に分け、それぞれのテーマに相応する事項を、各章ごとに五十音順に配列した。

○総索引は、本書に収録したすべての語句を、五十音順に配列した。

○総索引で、読み方の特殊なものについてはひらがなで併記した。

○各語句の説明文の中で、語句として他で取り上げてあるものについては（※）印を付した。

○各語句の説明分の末尾に「↓」で示してあるものは、その説明文の主な典拠となった自治体史を示したものである。参考にした自治体史は巻末に記載してある。

○「↓」で示した典拠については、その自治体史の一文字目を示した。たとえば、『秋田市史』であれば（秋）、『大館市史』であれば（大）という具合である。ただし、大正四年刊行の『秋田縣史』については（旧）、『秋田県史』については（県）とした。

○正しい読みが不明な人名については音読みでルビを付した。

1　政治制度

あ

【秋田史館　あきたしかん】
ある特定の文書《もんじょ》に押された印にあらわれる語句。藩は、元禄年間（一六八八－一七一〇）、家臣や陪臣《ばいしん》にいたるまで、その系図・系譜・古記録類を提出させ、その真偽を判断して、正しいと裁定したものには「秋田史館」と刻印した青印書《せいいんしょ》を証明書として発行した。「秋田史館」は、この事業の拠点となった文書所《もんじょどころ》の別称と思われる。→（県）（市）

【足軽　あしがる】
城中の門番や雑役に奉仕した。久保田《くぼた》城下におよそ八〇〇人おかれ、旗組・鉄炮組などがあった。在方《ざいかた》に約四〇〇人おかれた。とくに在方に配置された足軽は、所預《ところあずかり》（※）の指示のもとにおかれ、その警察機能を補う役割をはたした。廃藩置県《はいはんちけん》後卒族《そつぞく》に編入されたこともあってこれを最下級の武士とする見方もあるが、秋田藩の職階《しょっかい》制では、近進並《きんしんなみ》（※）までが士分であり、足軽は武士ではない。

【一郷家業奨励　いちごうかぎょうしょうれい】
能代《のしろ》町に対して藩が、士分を含めた住民の生活維持のために出した指示。文化八年（一八一一）に出された。主に木綿裂織《さきおり》（古布を細長く裂いて織り、新たに仕立て直すこと、またその製品）を奨励し、庄屋《しょうや》（※）・宿老《しゅくろう》（※）が町々を廻り、奨励・指導を行った。近世後期の能代は困窮化が著しく、そのためこのような策をとったものと考えられる。→（能）

【一門　いちもん】

御苗字衆《ごみょうじしゅう》とも。佐竹《さたけ》姓を許可された宗家《そうけ》の親類衆。北（角館《かくのだて》）・南（湯沢《ゆざわ》）・西（大館《おおだて》）・東（久保田）の四家をいう。のち壱岐家《いきけ》を含め五家。式部《しきぶ》家は断絶。

佐竹壱岐家（さたけいきけ）

二代藩主佐竹義隆《よしたか》の五男、義長《よしなが》を祖とする。延宝四年（一六七六）、壱岐守と改める。江戸在住で、居所は本所《ほんじょ》、鉄炮州《てっぽうず》とかわるが、元禄十二年（一六九九）に浅草《あさくさ》屋敷に移る。宗家の石高から新田二万石を分地される。

佐竹北家（さたけきたけ）

慶長七年（一六〇二）、義廉《よしかど》の時、初代藩主義宣《よしのぶ》に従って秋田に入る。しばらく仙北郡長野紫島に居を構えるが、明暦二年（一六五六）、義隣《よしちか》の時、承応二年（一六五三）に断絶が確定した芦名《あしな》氏にかわって、それまで同氏が支配していた角館《かくのだて》に移る。

佐竹式部家（さたけしきぶけ）

二代藩主佐竹義隆の長子、義寘《よしおき》を祖とする。その子義都《よしくに》の時、式部少輔《しょうゆ》と改める。宗家より新田一万石を分知される。享保十七年（一七三二）、その子義堅《よしかた》の時宗家義峯《よしみね》の養子となるが、寛保二年（一七四二）死去したため、寛延二年（一七四九）、その子義眞《よしまさ》が宗家を継承して六代藩主となり、式部家は絶える。

佐竹南家（さたけなんけ）

慶長七年（一六〇二）、出羽遷封《せんぽう》の時、藩主義宣より先に秋田に入り、仙北六郷《ろくごう》でこれを迎えた。義宣より湯沢城を任せられるが、元和六年（一六二〇）、次代義章《よしあき》の時、一国一城令にしたがい、城を破却した。その後も代々湯沢に居を構える。

佐竹西家（さたけにしけ）

常陸《ひたち》時代、常州那珂東郡《じょうしゅうなかひがしぐん》小場《おば》城主であったことから、代々小場氏を名乗った。慶長七年、義成の時義宣に従い秋田に入る。同十三年大館城主となる。万治元年（一六五八）、二代後の義房《よしふさ》の時、二代藩主義隆より佐竹姓を許される。

佐竹東家（さたけひがしけ）

慶長七年、義賢《よしかた》の時藩主義宣に従い秋田に入る。同十一年頃には久保田城下東根小屋《ひがしねごや》町に居を構えている。その孫義長《よしなが》に実子がなかったため、京都大納言高倉《たかくら》家より義寛《よしひろ》を養子とし、藩からは三〇〇〇石を与えられた。

【一騎　いっき】

禄高《ろくだか》の多寡に基づいた家臣団の呼称の一つ。上士の由緒ある者で、一五〇石以上をいう。

【打直検地　うちなおしけんち】

自然災害による田地の状態の変化や、生産力の衰えなどにより、従来の検地の数値が実態に合わなくなった場合に行われる検地。農村の疲弊《ひへい》に対する緊急措置として行われる。打直検地を実施するにあたっては、その一村の範囲を事前に明確にしなければならなかった。そのため、村の境界問題が、検地を契機に紛争として顕在化することもあり、検地をする側も受ける側も慎重な対応を迫られた。→（横）

【裏判奉行　うらばんぶぎょう】

寛文三年（一六六三）の創設。藩士の知行《ちぎょう》・扶《ふ》持《ち》などを審査し、文書に裏判《うらはん》をすえる重要な役職であり、当初は勘定奉行（※）や物頭《ものがしら》（※）の上席とされた。元禄十四年（一七〇一）に廃止され、その職務は本方《もとかた》奉行（※）に吸収された。↓（県）（秋）

【餌刺　えさし】

先端に鳥もちをつけた竿で、鷹の餌にする小鳥を捕える役職。延宝四年（一六七六）年の職制改革で、鷹方支配の下におかれた。

【穢多　えた】

久保田城下と他の町場におかれた。幕府の身分制度上の呼称を機械的に受け入れたものであり、その実態は関東・上方とはかなり異なる。皮細工・竹細工の技術と営業権を持ち、芝居興行権を許可されていた。牢番を務め、刑吏《けいり》としての側面も担った。

【延宝の職制整備　えんぽうのしょくせいいかいかく】

三代藩主義処《よしずみ》の時に行われた大規模な職制改革。番方《ばんかた》（※）を番頭《ばんがしら》支配制に改めたほか、表方《おもてかた》（※）も細かな役職の支配関係を明確に編成した。大小姓《おおこしょう》番頭《ばんがしら》（※）・作事奉行《さくじぶぎょう》・児《こ》小姓頭《こしょうがしら》・歩《か》行頭《ちがしら》・鷹方支配・大番頭《おおばんがしら》を新設し、惣山奉行を再興した。↓（県）

【遠慮　えんりょ】

武士の刑罰の一つ。火急の時以外門を閉じて外出を控えさせ、謁見《えっけん》・出勤を禁止するもの。自発的に申告するものと、上から申し付けられる場合とがあり、前者の方が三〇日前後と軽い。原因は職務上の軽微なミスによるものが多いが、火災の原因をなしたような場合もある。↓(県)

【御相手番　おあいてばん】
側方《そばかた》の一つ。初期には藩主の私的な相談役、遊戯の相手を務めた。後年には、職制上城中の統括・式日の指揮などにあたった。ここから家老に昇進するルートであったが、実質は閑職に近かった。二～五人が交替で勤務した。↓(県)

【大小姓番　おおこしょうばん】
番方《ばんかた》の一つ。城中の警備・藩主身辺の警護・参勤の供《とも》・江戸屋敷の警備などにあたり、当初は右筆《ゆうひつ》なども支配した。藩主参勤中は、天守閣にあたる出書院《だししょいん》の通行、兵具蔵《ひょうぐぐら》へ通じる切戸《きりと》(錠口)の警備に専任した。番士は一二〇人ほどで、駄輩《だはい》(※)の子孫が多い。五組からなり、番頭《ばんがしら》五名、組頭一〇名。↓(旧)

【大木屋　おおごや】
久保田にあって公用の土木《どもく》・営繕《えいぜん》事業を担当した役。延宝年間(一六七三－八〇)の職制では、作事《さくじ》奉行の下に木屋奉行というものがあったが、文化年間(一八〇四－一七)の職制では、大木屋御普請役があった。なお、慶長九年(一六〇四)に北ノ丸に材木小屋兼作事小屋を建てて御木屋と呼んだことに始まるという説がある。↓(県)

【大番組　おおばんぐみ】
番方の一つ。城中警備にあたる役。元和・寛永の初期には、七～八番組があり、三〇〇～五〇〇人ほど。延宝の職制改革(※)で、一〇組となり、それぞれの組を統括したものを大番頭《おおばんがしら》という。大番頭は城中一ノ門脇の番頭局《へや》に詰め、番組編成・番士の監督・表裏門の開閉などを管掌した。番頭一〇名、組頭三〇名。↓（県）（旧）

【御刀番　おかたなばん】

側方《そばかた》（※）の一つ。本来の職務はその名称のとおり藩主の側にひかえ、その刀剣を接受する役割であったが、城内日常の指揮・取締りにあたるようになった。歩行頭《かちがしら》・時計坊主《とけいぼうず》・掃除《そうじ》坊主などを指揮した。↓（県）（旧）

【御小姓番　おこしょうばん】

番方（※）の一つ。用人の監督下にあり、藩主の在国の時は、組ごとに交代で毎日御座の間に勤番する。一二〇人前後で、五組に分かれる。藩主の側にいて、書画や武芸の相手を務めることもあった。旧家高禄の家より採用された。表小姓・内小姓とも。↓（旧）

【御師　おし・おんし】

全国を伝道して歩いた勧進《かんじん》。熊野《くまの》御師と伊勢御師が著名で、特に後者の場合は「おんし」と呼んだ。秋田領内で活動した伊勢御師のうち、武家を担当した者が久保倉太夫《くぼくらだゆう》、庶民を対象とした者が三日市太夫《みっかいちだゆう》である。

【御叱　おしかり】

農民や町人に対する処罰の一つ。一種の訓戒《くんかい》処分であるが、「家業とも急度《きっと》御叱」、あるいは「家業の外《ほか》急度御叱」などと表現されることがある。これは一種の禁足をともなうもので、前者は家業にかかわることでも謹慎状態を保ち、後者は家業についてはそのまま行ってもよいが、私的な部分では謹慎するという意味をもっていたようである。

【白粉方　おしろいかた】

藩政後期の史料に出てくるが詳細は不明。藩の殖産策の一環を担った役のようである。ただ、介川東馬《すけがわとうま》の日記の天保八年（一八三七）六月二十八日の記事に、能代を訪れた介川が「白粉方役所」においてその製造工程を見分したという内容があり、その担当が下代《しただい》（※）の三輪謙蔵《みわけんぞう》とされていることからすると、能代に本拠地があったようである。↓（能）

【表方　おもてかた】

役方《やくかた》とも。奉行など、一般行政職にあたる職務を担当する役職全体をさす。

【御渡野　おわたりの】

藩主の鷹狩。多くの場合、宿泊をともない、領内の巡視を兼ねた。なお、一門などの鷹狩は「鷹野《たかの》」「渡野」といい、彼らの宿泊をともなう場合は「泊野《とまりの》」といった。また、その家臣に命じて鷹狩をさせることを「分野《わけの》」といった。

【御割役　おわりやく】

家臣団の禄高《ろくだか》のうち、借上《かりあげ》（※）高に該当する高を割り付け、その村名や石高を調査して、蔵入高と給分の高を区別する役。久保田城中の御割役所に勤務した。

か

【改易　かいえき】

武士の刑罰の一つ。刑の確定と同時に自宅への帰宅を許さず立ち退かせ、大小（刀）は許すが屋敷は没収、家屋破壊（家財はかまいなし）、城下徘徊《はいかい》停止とする。ただし、秋田藩の場合、後年に改易処分が解かれて、禄高減少のうえ再興が認められる場合が少なくない。→（県）

【会所　かいしょ】

元禄十四年（一七〇一）の改革で、城内に会所を設置。月番家老・諸役人の合議によって、政務・財務の運営を図ろうとした。この時、町奉行（※）・勘定奉行（※）・本方《もとかた》奉行（※）を合わせて三奉行と呼称し、それまで家老の属役であった用達《ようたっし》を副役《そえやく》（※）と改称してその補佐役とした。ただし、会所という建物自体は新設されず、久保田城穴門《あなもん》脇の評定所《ひょうじょうしょ》におかれた。新会所は、宝永二年（一七〇五）新設されている。のち、享保年間に家老今宮義透《よしすく?》の主張で、政務所《せいむしょ》（※）として改編された。会所自体は、一時渋江宅へ移動した後、穴門脇に戻され、変遷を経ながらも実務機関として定着する。→（県）（秋）

【買米制　かいまいせい】

①藩が登せ米（大坂への回漕米）の不足を確保するために、富農や富商に命じて領内米を買収させた制度。②銀札仕法（※）に関連して米価が高騰したために、諸品の物価との釣り合いをとるという目的で実施された。

【家格（士分）　かかく】

上位から、一門《いちもん》（※）・引渡《ひきわたし》（※）・廻座《まわりざ》（※）・一騎《いっき》（※）・駄輩《だはい》（※）・不肖《ふしょう》（※）・近進《きんしん》（※）・近進並《きんしんなみ》（※）となる。以上が士分でこれ以下が足軽である。一騎から不肖は、家格と言っても禄高の違いから呼称されたもので、上昇は可能であったが、廻座への上昇は特別の上意がなければありえなかった。しかし、後期の中安《なかやす》主典《さかん》のように、当初禄高が三〇石未満であった者が一代宿老《しゅくろう》格(廻座)となり、家老まで出世した例もある。

↓(県)(秋)

【家口米仕法　かこうまいしほう】

天保四年(一八三三)と同九年の二度実施が試みられている。いずれも、藩が必要な米を確保するために、年貢以外の米をすべて藩の管轄下におき、武士を含めた領民の飯米《はんまい》をその家の家族数(年齢も考慮)に応じて藩が支給するという制度。前者は、天保四年の飢饉対策として実施されたが、全領規模で戸数毎の家口と有米《ありまい》を把握することは容易ではなく、久保田での実施は確認できるが、全領規模での実施には失敗したものと思われる。後者は、上方《かみがた》商人からの借財を、強制的な買米によって米を確保し、それを大坂に廻送することでその消却をねらったものであったが、実現にはいたらなかった。

【加勢　かせい】↓担(にない)

【掠　かすみ】

修験者《しゅげんしゃ》の檀那《だんな》場。宗教活動を行う上で有する権利のおよぶ範囲。修験者が、檀那・信者に対して加持祈祷《かじきとう》・札《ふだ》配りなどの活動を行う縄張り。またその活動をさす。↓(県)

【加談　かだん】

人員の不足やその他の理由により、ある役職を助力する位置につくこと。とくに家老の場合が多く、「家老加談」などと称される。中安主典《さかん》のように、禄高が家老職にみたない場合や、一度隠居して職を辞した者が、求められてこの地位につく場合とがある。前者の場合は、見習い的な目的もあり、中安はその後、正式に家老に就任している。

【徒士　かち】

徒、歩行とも。馬乗を許されず徒歩で従軍した軽輩の武士。侍身分は藩主への御目見《おめみえ》を許されたが、歩行はそれが許されなかった。足軽、中間《ちゅうげん》の上に位置する。↓(県)(旧)

【唐船番所　からふねばんしょ】

幕府の海禁《かいきん》政策(鎖国政策)の徹底化に呼応して、海岸線をもつ領域の大名領に設置された。秋田藩では、土崎《つちざき》湊・戸賀《とが》・北《きた》ノ浦《うら》・小浜《こはま》・船川《ふなかわ》・新屋《あらや》・八森《はちもり》・能代《のしろ》の八か所におかれた。土崎から八森までは、城下の大番から二名ずつ派遣された。能代は、同所に居住する、多賀谷氏と松野氏の組下給人が詰めた。

【借上　かりあげ】

借知《しゃくち》ともいう。財政の窮乏を理由に、藩が家臣団から知行地や扶持の何割かを強制的に借り上げる制度。三代義処《よしずみ》のころから頻繁に行われるようになる。史料上最初に確認できるのは延宝三年(一六七五)であり、正徳・享保のころから恒常化するようになる。当初は武士が江戸登りなどの任務にあたるような場合は、要求があれば借高を当該武士に返済していたようである。財政窮乏が本格化すると、半知借上《はんちかりあげ》や六割の借上が恒常化するようになった。↓(県)(太)

【軽升　かるます】

升に軽く米を入れ、そのまま升の上面をならした状態、またはそのようにして計ること。通常は、米を入れたあとに升を軽くたたいて米を沈ませてからさらに米を加えて上をならした。

【家老　かろう】
表方《おもてかた》（※）・側方《そばかた》（※）・番方《ばんかた》（※）を統制し、その指揮にあたる最高職。年寄《としより》ともいう。引渡《ひきわたし》（※）・廻座《まわりざ》（※）から選抜され、人数は不定。

【川尻御蔵　かわしりおくら】
仙北筋《せんぼくすじ》三郡から御物川《おものがわ》を下って送られてくる収納米を貯蔵し、藩士の扶持《ふち》方一般、または軽輩《けいはい》以下の給禄《きゅうろく》として下げ渡した。また籾も備蓄し、飢饉に備えた。↓（秋）

【勘定奉行　かんじょうぶぎょう】
金銭の出納・領内物産のすべてを統括する重要な役職であり、そうした職務の性格上、民政・他領との折衝・交易関係をも管轄した。江戸・大坂にも派遣されて常設となった。二〜五名。寛政元年（一七八九）の役職改正で、表方（※）の詰所である御用所に勘定所を新設してこれを「御本丸御勘定所」とし、従来の「二ノ丸御勘定所」と区別した。↓（県）（旧）（秋）

【寛政改革　かんせいかいかく】
九代藩主佐竹義和《よしまさ》による政治改革をさす。大きく、①財政の建て直し、②政治組織の改編、③農政の刷新、④殖産政策、⑤藩校の設立による教学の復興、⑥人材の育成、の諸点があげられる。①は、天明期の財政難の克服というかたちで一定の成果をあげ、②は、評定奉行《ひょうじょうぶぎょう》（※）の創設と御本丸勘定所の設置、③では、郡奉行《こおりぶぎょう》（※）を設置して、役屋《やくや》（※）における郡方役人の常時勤務の体制を実現して、親郷《おやごう》・寄郷《よりごう》（※）との有機的な結合をはかった。④では、商品作物の作付奨励を行ったが積極的な国益策にはいたらなかった。また、⑤では、儒学的な仁政理念を重視しつつも、折衷学派《せっちゅうがくは》的な指導を中心として、実務的な能吏の育成に力を注ぎ、改革政策を推進していく勢力を成長させて⑥に結びつけた。

【木山方　きやまかた】

山林行政を担当する機関の総称。宝暦十一年（一七六一）、本方《もとかた》吟味役二名に、能代木山を除く領内すべての山林を管掌することを命じ、その下に一二名の林役人《はやしやくにん》（のち林取立役と改称）を配置して林政の実務にあたらせ、山林の保護・育成を組織的に推進しようとする姿勢をうち出した。この組織のことを木山方と呼ぶ。文化年間（一八〇四－一七）にさらに整備が進み、財用《ざいよう》奉行（後に勘定奉行）が管掌した。財用奉行の中から木山係の者が選出され木山奉行となり、その下に、秋田藩最大の山林地帯である米代川流域については能代木山方が、銅山で消費する炭・薪・諸材木を供給する掛山《かかりやま》には銅山木山方が設置された。↓（能）

【切支丹改役　きりしたんあらためやく】

設置年代は不明だが、おそくとも寛文十（一六七〇）には置かれ、当初は二、三月ごろ、改役二名一組が供を引き連れて村を廻った。享保四年（一七一九）からは代官の管轄となり、寛政七年（一七九五）以降は郡奉行《こおりぶぎょう》（※）の管轄となった。↓（秋）

【キリシタン弾圧　きりしたんだんあつ】

当初、院内《いんない》銀山などには多くのキリシタンが労働者として居住しており、藩はこれを許容していたが、幕府の禁教令や処罰のあり方の変化に対応して弾圧が強化された。元和三年（一六一七）に、二〇名が投獄され、資産没収のうえ追放処分とされた。寛永元年（一六二四）には、鉱山内のキリシタンの摘発へと方針を転換し、同年には多数の武士を含む二〇〇余名のキリシタンが検挙され、三二人が火刑に処された。ついで領内各地で検挙されていた二五人が斬首され、同日、院内銀山から移送されたキリシタン二五人が斬首された。↓（秋）

【キリシタン類族　きりしたんるいぞく】

キリシタンの子孫・縁者で、藩の監視下におかれた。類族の範囲については、幕府の法令にも時代によって変化がみられる。秋田藩では、類族の出生や死亡時には、藩主の花押を据えた書類で幕府に報告している。キリシタン類族のいる村に対して合力米が支給されている例がみられる（「岡本元朝日記」）ことからすると、村にはその監視を行う義務があったと考えられる。↓（秋）

【記録所　きろくしょ】

宝永六年（一七〇九）に設置。当初は文書所《もんじょどころ》と称した。三代藩主義処《よしずみ》のもとで、家臣団の系図・系譜や古記録の確認と整理を行ったのがはじまりである。この事業は、岡本元朝《げんちょう》を御文書所御用番担《にない》として進められた。その後、代々藩主の家譜《かふ》編纂や、「国典類抄《こくてんるいしょう》」の編纂などに大きな役割をはたした。↓（秋）

【銀札事件　ぎんさつじけん】

宝暦騒動《ほうれきそうどう》とも。宝暦七年（一七五七）、美濃《みの》国の茶商人が、銀札の兌換に応えようとしない藩を幕府に訴え出たことを契機に起こった、銀札仕法をめぐる藩内の権力闘争およびその結末にいたる一連の事件をさす。美濃の茶商人の事件をうけて銀札奉行になった平元《ひらもと》茂助《もすけ》は、銀札仕法廃止の方向に向けて舵を切るが、仕法推進派の不満と抵抗を呼び起こした。これが、家老や一門をまきこんだ対立・抗争に発展。宝暦七年六月、藩主義明《よしはる》の裁断というかたちで決着。仕法推進派は家老の切腹や役人の斬罪のほか、追放・改易・蟄居《ちっきょ》・閉門などに処され、その数は四〇余名におよんだ。→（県）（秋）

【銀札仕法　ぎんさつしほう】

宝暦四年（一七五四）幕府の許可を得て、翌年より実施。領内経済を活性化させることを目的とするとしているが、実際には藩の財政補てんの側面が強い。当初より銀札に対する領民の信頼度が低く、三十四名の札元《ふだもと》が決まったのは翌年の二月であった。しかもその流通が思ったようには進まず、その運用の制度が一転二転したことで信用度はさらに低下し、その価値は下落した。同七年六月、停止された。

【近進・近進並　きんしん・きんしんなみ】

武士身分の最下層に位置する。「不肖《ふしょう》」(※)の下に近年進給の下級家臣を置いて、それを近進と称した。近進並はその下に位置して、臨時の登用者をこれにあてた。ただし、永《えい》近進並に取り立てられ、そのまま士分となる者もあった。→（秋）

【草生津刑場　くそうづけいじょう】

八橋《やばせ》村下八橋の草生津川右岸に置かれた秋田

藩の刑場。

【国目付　くにめつけ】

幕府が諸国監察のために派遣した役人。旗本二名が任命された。おもに藩主が幼少で襲封した際に派遣され、藩情を調査した。史料では「御目代様《もくだい》」などと出てくる。

【組下給人　くみしたきゅうにん】

たんに組下とも。「与下」とも書かれる。軍事編成上、所預《ところあずかり》（※）の下に本藩から派遣されて配置された宗家《そうけ》の直臣。軍事上は所預や組下持《くみしたもち》の大身《たいしん》給人の指揮を受けるが、主従関係にはない。延宝四年（一六七六）、それまで指南附《しなんづき》－指南与力《よりき》・同心《どうしん》制とされていたものを番頭支配制に改め、それまで軍事上指揮下にあった与力衆を組下と称したことにはじまる。指南－与力という制度は、戦国期の軍事編成を継承したものであったから、組下制度への改編は、たんにその呼称を変えるというだけにとどまらず、古い家臣団関係の認識を払拭《ふっしょく》するという意義があった。

【蔵入地　くらいりち】

藩の直轄地。秋田藩は近世全体を通しておよそ七割が地方知行《じかたちぎょう》（※）であったから、全体に占める割合は少ない。一七世紀前半で約三三％と推定される。

【軍役　ぐんやく】

幕府に対してはたすべき務め。参勤交代もこれに含まれるが、実際の軍事動員のほか、平時の城普請《しろぶしん》や川普請などの御手伝普請《おてつだいぶしん》も含まれる。

【刑罰式　けいばつしき】

在来の法令を取捨選択して収録し、体系的刑法として編さんしたもので、全体を刑罰式と刑罪式の二つに分けている。前者は科刑の種類およびその基準と科刑申渡しの手続きを定めたものであり、後者は各種事犯取扱の具体的方式を規定している。↓（県）

【家来触　けらいぶれ】

領内に通達される法令の発布形式の一つ。領内一統に出される法度《はっと》は、久保田在住の武士に対しては町触《まちぶれ》（※）という通達方法をとったが、それとならんで家来触という方法があった。これは、所預《ところあずかり》（※）や組下持である重臣に宛てて出されたもので、彼らを通して組下給人《くみしたきゅうにん》（※）らに周知された。ただ、これを「家来触」と呼んでいる意味を考慮すると、一門・組下持重臣らが抱える家臣（すなわち本藩からすれば陪臣《ばいしん》にあたる）への周知徹底をも含んだものと考えられる。

【検地　けんち】

土地の広さを計測し、土地ごとの生産高を算出し、その耕作者（名請人《なうけにん》（※））を決める一連の作業。秋田藩では、領内総検地は次の三度にわたって行われた。なお、よく「渋江検法《しぶえけんぽう》」などと言われるが、渋江政光《しぶえまさみつ》が検地の方法に熟練していたということは、ほとんど後世に書かれた地方書《じかたしょ》による伝承によるところが大きく、その方法の実態もよくわかっていないものと考えたほうがよい。

先竿（さきざお）

佐竹氏入部《にゅうぶ》直後の慶長八年（一六〇三）頃に実施。主な目的は、新領地のおおよその石高《こくだか》を把握し、年貢徴収の基本単位である各村の範囲を確定しつつ、佐竹氏入部以前の郷村のあり方を解体して、佐竹氏の支配に都合のよいかたちに村々を編成していくところにあった。

中竿（なかざお）

慶長十四年（一六〇九）頃実施。農民と土地の関係をより実態的に把握しようとした。検地帳には苗代《なわしろ》が記載され、耕作者を名請人《なうけにん》（※）として把握している。各村ごとに交付された黒印《こくいん》御定書《おさだめがき》（※）には「六《む》つ成高《なりだか》」という秋田藩独自の記載がみられるようになり、貢租収集の体制が整ってきたことがうかがわれる。

後竿（あとざお）

正保三年（一六四六）から慶安元年（一六四八）にかけて実施。新田開発によって耕地面積が拡大した状況に対応し、新田高と新田村落の実態を把握しようとした。農村における大家族経営の解体と小農《しょうのう》の自立という変化をふまえ、その実態を把握し、いっそうの小農の自立をはかった。

【検地役　けんちやく】

通常三名で、春秋の二度回村した。業務の内容は、用水関係・検見《けみ》関係・境界関係・知行地関係の多岐にわたる。とくに、作柄を判定することにかかわる検見は重要で、年貢を減免せざるをえない状況が発生した場合、現地を視察して減免率を認定する必要があり、秋の回村の重要な仕事であった。↓（横）

【郡方吟味役　こおりかたぎんみやく】

寛政七年（一七九五）に設置された郡奉行の属役。同十年、それまで郡奉行の配下にあった代官が廃止され、郡方吟味役として再編された。禄高の低い下級武士が任命され、そこから郡《こおり》奉行《ぶぎょう》（※）に昇進するケースもあった。郡方見廻《こおりかたみまわり》役《やく》（※）とともに、役屋《やくや》（※）を拠点として郡村を巡視した。

【郡方見廻役　こおりかたみまわりやく】

職務上および、任命対象者の禄高など、原則として郡方吟味役と異なる点はない。職階のうえでは郡方吟味役の下に位置する。

【郡奉行　こおりぶぎょう】

町場以外の、郡村地域一般の民政・収納・警察を管掌。前・後期の二度設置されている。前期は寛文十一年（一六七一）に設置され、奉行は二名で、天和三年（一六八三）に廃止。後期は、寛政七年（一七九五）の設置で、いわゆる佐竹義和《よしまさ》による寛政改革の中心的位置をしめる。郡村の数か所に役屋《やくや》（※）を置き、配下の郡方吟味役（※）・同見廻役（※）が常時駐屯する体制をとった。郡ごとに奉行一名をおくのを原則としたが、複数の郡の奉行を一名が兼務することもあった。寛政七年の設置時点で、六人すべてが評定奉行《ひょうじょうぶぎょう》（※）との兼務であったことは、農村行政と藩庁内の政治を密接にとらえようとしていたことを示している。

【黒印御定書　こくいんおさだめがき】

領内総検地（先竿・中竿・後竿）（※）ごとに、各村に交付された文書。その村の貢納すべき年貢ならびに諸役の基準を示し、それを完納するために農民が守るべき事項を箇条書きにまとめてある。村にとっては重要な文書であり、現在でも桐箱などに入れられたかたちで発見されることが多い。先竿段階のものの確認例は少ない。以下に、『横手市史』の記述を借りながらその

主なものをあげる。↓（横）

物成（**ものなり**）

本年貢。米納。「六ツ成高一〇〇石」とは、当高一〇〇石という意味で、当高の六割が年貢であるということを示す。秋田では「もなり」とも言われることがあるが、これは全国的な表現ではない。「ものなり」が正しい。

口米（**くちまい**）

年貢米は輸送中俵からこぼれることが多かったが、この分をあらかじめ想定して納入させたもの。一種の付加税。

藁草（**わらくさ**）

馬の飼育のほか、生活のさまざまな用途で必要であった。藁を交互に重ね、端をそろえて中央部を六尺の縄で縛った形にして、物成六〇石（つまり当高一〇〇石）につき一三〇丸を納めさせた。

糠（**ぬか**）

馬の飼育のほか、生活のさまざまな用途で必要であった。物成六〇石につき、五斗入の俵で三〇俵を納入させた。

人足（**にんそく**）

蔵入地と給地で異なる。蔵入地の場合は必要な限り使役できた。給地の場合は、当高一〇〇石につき、一年に二三六人とされた。うち、二〇〇人分については、春垣《はるがき》・夏萱《なつかや》・雪垣《ゆきがき》・釜木《かまき》の分と規定されている。蔵入地については一人一日一升五合、給地は米一升を年貢から差し引くとしている。

伝馬（**てんま**）

蔵入地と給地で異なる。蔵入地については制限がない。給分については、当高一〇〇石につき一年に馬三〇匹となっている。

口付（**くちつき**）

伝馬一匹につく人足。

詰夫（つめふ）

公用で役所などが使役できる人足。蔵入地の村では、当高一〇〇〇石につき一人という規定であるため「千石夫丸《ぶまる》」という。給地の村の場合、給人が参勤交代で江戸詰《づめ》を命じられた場合、江戸夫《ふ》として連れていく人足であり、一〇〇石につき一人となっている。

山川野役（やまかわのやく）

山・川・原野からの産物にかかる役で、たとえば、柴や薪《たきぎ》、漁獲物、萱《かや》や草などの雑収入を対象とした税。藩の収入となる。

【御条目　ごじょうもく】

藩から布達される法度《はっと》のなかでもっとも重要視された法令。藩主の「御書付《おかきつけ》」（「御条目」）、家老の「執達《しったつ》」、規定事項を具体的に記した「別紙《べっし》」の三点からなる。藩主在国の場合はその臨席を仰いで、久保田在住の家臣を大広間に集め、右筆《ゆうひつ》らによる音読ののち、渡された。この形態が定式化してくるのは宝暦期（一七五一－一七六三）あたりからであり、藩の危機的状況を強調して、家臣団の自覚と同意をうながす内容のものが多い。なお、家臣を法的に処罰する場合にも「御条目」が用いられたが、これは性格の異なるものである。

【五斗米　ごとまい】

詰夫《つめふ》・代官人足・江戸夫などの労働役が米納化されたもの。元禄十四年（一七〇一）に米納になり、五斗米と呼称された。

【御判紙　ごはんし】

家老が発行するさまざまな許可証をいうが、

家老の署名の下に書く花押は、あらかじめ枠取りしてあり、実際に発行する時に担当の役人がその枠を塗りつぶして、正式な許可証としたとする説もある。ただし、「岡本元朝日記」に「御青印を二千枚渡した」などの記述もあるので、もともと家老の花押を入れたものであったかもしれない。その未使用のものを白御判紙といい、年度当初に藩庁から一定枚数を預けられていた。年度末や、役人交代の時に、残り枚数を確認するならわしであった。なお、知行宛行状をさして御判紙ということもある。

【駒頭　こまがしら】
大館《おおだて》と米内沢《よないざわ》の役屋に置かれた役で、馬肝煎《うまきもいり》ともいう。春秋に各町・村ごとに諍馬《せりうま》（※）を実施し、役銭を徴収した。馬は他領にも移出されたが、藩はすぐれた馬については他領出しを禁じ、馬主に対して三歳になるまで飼育させた。優良の三歳駒は五～六月頃、久保田城三ノ丸の馬場で試乗をうけ、一～三等の等級にしたがって藩が買い入れた。↓（大）

【小間割銀　こまわりぎん】
富裕な商人に割り当てていた御用銀を、町家一軒ごとに割り当てたもの。

【郷役銀　ごうやくぎん】↓小役銀（こやくぎん）

【小役銀　こやくぎん】
人足・ぬか・わら・かや・馬の供出などの、本年貢以外の諸役のうち、人足役の一部（千石夫丸《せんごくぶまる》・詰夫《つめふ》・江戸夫）を除いて銀納化されたもので、給地における役。蔵入地の場合は郷役銀《ごうやくぎん》という。慶安元年（一六四八）に当高一〇〇石（物成六〇石）につき、銀四七匁とされた。このことは、実際の軍事動員の可能性が少なくなったこととともに、農民の生産物換金化が容易になったこと、藩や給人の貨幣の必要性が増大したことなど、社会経済の変化を背景としている。↓（県）（秋）（横）

【御用銀・御用米　ごようぎん・ごようまい】
藩財政の不足や、何らかの臨時必要経費を捻出するために、農民・町人に銀や米を献納させるもの。石高などを基準に全体に対して割り当てる場合と、人指《ひとざし》と称して特定の富農・富商を対象とするものがあった。

【御用人　ごようにん】
側方（※）の重要な役職。膳番《ぜんばん》（※）とともに藩主の身辺に関わる内務を処理し、他の諸藩との往復文書を管掌し、藩主身辺の諸役人の監察・統率にあたった。↓（旧）

さ

【在府屋　ざいふや】
能代《のしろ》奉行の詰所。能代市上町《かんまち》にあった。御渡野《おわたりの》（※）などで来訪した藩主が宿泊・休息する御休所《おやすみどころ》が隣接していた。四方を塀で囲み、表通り側に門がふたつ、裏門も二ヶ所あった。↓（能）

【財用奉行　ざいようぶぎょう】
財政担当の役職として勘定奉行（※）・本方《もとかた》奉行（※）があるが、財用奉行については、それらの奉行との関係や職務内容の別などは明らかでない。享保四年（一七一九）にその役職名がみえるが、宝暦五年（一七五五）に「御財用奉行

を本方奉行と申候」とする史料もある。↓(県)

【境口番所　さかいぐちばんしょ】

史料上は「御境番所」などと記される。隣領との境口に置かれ、物資や人の出入りを監視した。幕府が設置した関所とは区別され、番所とよばれた。以下に、番所ごとに、所在地、行先方面、管轄について記す。↓(横)

岩館番所　いわだてばんしょ　山本郡岩館村。津軽領大間越・鯵ヶ沢方面。檜山給人。

長走番所　ながばしりばんしょ　秋田郡長走村。津軽領大鰐・弘前方面。大館給人。

新沢番所　しんさわばんしょ　秋田郡雪沢村。南部領鹿角大地村・小坂村方面。大館給人。

十二所番所　じゅうにしょばんしょ　秋田郡十二所町。南部領鹿角土深井村・松山村方面。十二所給人。

生保内番所　おぼないばんしょ　仙北郡生保内村。南部領盛岡方面。角館給人。

善知鳥番所　うとうばんしょ　仙北郡千屋村。南部領大田村方面。角館給人。

小松川番所　こまつがわばんしょ　平鹿郡小松川村。南部領越中畑村方面。横手給人。

手倉川原番所　てぐらがわらばんしょ　雄勝郡手倉川原村。仙台領下嵐江村方面。湯沢給人。

小安番所　おやすばんしょ　雄勝郡町向村。仙台領寒湯村方面。湯沢給人。

湯野台番所　ゆのたいばんしょ　雄勝郡役内村。仙台領尾ヶ沢村方面。湯沢給人。

院内番所　いんないばんしょ　雄勝郡院内村。新庄領及位村方面。院内給人。

堀廻番所　ほりまわりばんしょ　雄勝郡西馬音内堀廻村。矢島領葎沢村・平根村方面。横手給人。

大沢番所　おおさわばんしょ　平鹿郡大沢村。矢島領老方村方面。角間川給人。

刈和野番所　かりわのばんしょ　平鹿郡刈和野村。亀田領北野目村方面。刈和野給人。

川口番所　かわぐちばんしょ　秋田郡川口。亀田領桂根村・長浜村方面。町奉行。

【座格　ざかく】

式典における座席順を、家格にしたがって決めた制度。家格の高下を視覚的に示す政治的意図に基づいたもの。宗家《そうけ》の分家である一門《いちもん》（※）のほか、新年の上段から直接藩主義宣から盃を頂いたという引渡《ひきわたし》（※）、譜代の重臣や功臣からなる廻座《まわりざ》（※）が、特別上位の家格であった。

【指上高　さしあげだか】

藩の借上《かりあげ》で、藩の支配に入った高をさす。しかし、現実には蔵入地化されたわけではなく、その分が米で藩に納入された。

【産物方　さんぶつかた】

寛政四年（一七九二）、福島の伊達《だて》郡出身、石川滝右衛門《いしかわたきえもん》を支配人として新設。桑・漆・楮《こうぞ》・藍《あい》・蚕などの取立てを奨励した。同六年、山林取立に関する業務を、木山方から産物方に移管・統合した。↓（県）

【算用場　さんようば】

秋田藩成立期に置かれていた勘定機構。収支決済の処理を任務とし、算用帳と切手（受取証）などと照合して、過払いや未進を算出し、過上分の返却と未進分の取立てを行った。久保田在住の給人が多くあてられた。↓（秋）

【地方知行　じかたちぎょう】

家臣への給与を土地で支給する制度。その知行地の保有者を給人《きゅうにん》という。秋田藩では近世期全体をとおして、領地のおよそ七割が地方知行であった。知行地は、一部の大身を除けば分散的に与えられ、給人による土地の一円支配は困難であった。

【寺社奉行　じしゃぶぎょう】

寛文十一年（一六七一）設置。山方民部《やまがたみんぶ》と梅津図書《うめづずしょ》の二名。同年、秋田藩領の寺社および寺社領はすべて寺社奉行の管轄であることが布達された。従来所預（※）によって支配されてきた寺社および寺社領が寺社奉行の管轄下にあることをあらためて確認したものであり、藩による寺社支配の強化であった。その統制は、寺社で行う行事や僧侶の生活にまでおよんだ。↓（秋）

【寺社領　じしゃりょう】

藩が、寺社の経済的基盤としてあたえた土地。黒印地《こくいんち》といった。また、寺社は一般に諸役を免除された。

【指南　しなん】↓組下給人

【十三割新法　じゅうさんわりしんぽう】

天明四年（一七八四）に藩がうち出した年貢収納法。本年貢と他の諸役を一つにまとめて、当高一石につき一石三斗を収取しようとしたものである。農民のみならず、所預（※）など家臣団の反対にあい、実施にはいたらなかった。

【宗門人別帳　しゅうもんにんべつちょう】

肝煎《きもいり》（※）は、長百姓《おとなびゃくしょう》（※）とともに宗門人別帳を二冊作り、一戸ごとに檀那《だんな》寺の証明印をもらっておき、役人はその人別帳を吟味したうえで、一冊を持ち返った。秋田藩の人別帳は、町のそれに比して村のものは簡便であり、横帳仕立のものが多い。戸主の上に檀那寺の寺院名を記して押印し、家族の構成員を記す。冒頭には、違法の宗門を信仰する者がない旨を記した肝煎と長百姓の文面および連署があり、末尾には、その村の農民の檀那寺となっている全寺院の署名と押印がなされた。秋田藩では、農民の場合、女性の名前は独身時代のみに限られ、結婚後は、誰々妻、誰々母、後家などと記載された。↓(秋)

【宿継　しゅくつぎ】
宿駅から宿駅へと人や荷物、触書《ふれがき》などの文書類を引き継いでいくこと。

【出仕　しゅっし】
藩士の子息が元服《げんぷく》した後、藩主に拝謁《はいえつ》すること。これを済ませて初めてその藩士の家を継ぐ権利が公認された。

【出頭人　しゅっとうにん】
近習《きんじゅう》出頭人とも。藩政成立期において、家柄ではなく、その行政能力をかわれて藩主個人に登用され、その権力をささえた家臣。梅津憲忠《うめづのりただ》や同政景《まさかげ》などがその典型。

【巡見使　じゅんけんし】
おもに将軍の代替わりに、諸国監察《かんさつ》のために派遣された幕府の役人。旗本三人が選ばれ、一〇〇人を越す供を連れて諸国を巡察した。大名は、政治の不備・破綻が暴露されることを恐れて対策に腐心した。

【助力　じょりょく】
人員不足などの理由で、他の役職にある者を、そのままの役職で他の役職を兼務させること。たとえば、町奉行助力など。たんなる補佐役ではなく本務どおりの勤めを求められたから、本来は兼帯であるが、あくまで臨時的措置という意味からこのように呼称されたと思われる。

【新家　しんけ】

藩に多額の献金を行うことで武士身分を獲得した農民・町人をさす。あえてこのように称したのは、本来の武士身分との違いを強調するためであろう。久保田の豪商や、在方商人・地主まで、その実態は多岐にわたる。安政元年（一八五四）に、藩は海岸警備のために、土崎《つちざき》・新屋《あらや》・船越《ふなこし》・北浦《きたうら》・八森《はちもり》などに新家を多数移住させている。

【辛労免　しんろうめん】

新田を開発して石高に結ばれた際、開発者にあたえられた開発高。たとえば、一〇〇石の開発高があった場合、七〇石を藩に上げ、三〇石を知行高としてもらうのであるが、この三〇石分を辛労免という。↓（県）（十）

【正義家　せいぎか】

幕末において、朝廷との結びつきを重んじ、藩をあげての討幕を主張するグループ。平田篤《ひらたあつ》胤《たね》の孫である平田延胤《のぶたね》らがその代表。↓（秋）

【政務所　せいむしょ】

寛文七年（一六六七）に城内に家老御用部屋が設けられたのが始まり。同十二年に、城西穴門《あなもん》脇に会所を設け、評議の場とした。元禄十四年（一七〇一）に会所政治がはじまって、政務所は廃止されるが、享保六年（一七二一）から始まる、家老今宮義透《いまみやよしすく》による職制改革で、会所は政務所と改められ、同十年に改めて城内に新設されることとなった。内容的には、本方《もとかた》奉行（※）の廃止に示されるように、官僚主導に基礎をおいたそれまでの会所政治の方針を否定し、藩主主導をたてまえとして家老専決の体制を重視しようとしたものであった。政務所は、久保田城本丸に移されて御用所と改められた。↓（秋）

【施行　せぎょう】
困窮者に食料などを支給すること。飢饉（※）時には、施行小屋が立てられ、粥などが支給された。

【諍馬　せりうま】
馬を競売にかけること。史料では「論馬」と書かれることが多い。

【膳番　ぜんばん】
藩庁の場合は御膳番。藩主の奥向き・台所を指揮・監督した。またそれにかかわる金銭の出入りや、衣服・調度の監督、女中の取締りなどを管轄した。藩主の周辺のことを取り仕切るという点から重要視された役職であり、拝領物に関する家臣団の藩主に対する礼なども、御膳番に対してなされることが多かった。↓（旧）

【惣山奉行　そうやまぶぎょう】
一時梅津政景《うめづまさかげ》がその任についていたことがあるが、延宝四年（一六七六）に再設。銅山開発など、領内の鉱山を統括した。

【副役　そえやく】
九代藩主義和《よしまさ》による政治改革の一つとして新設された評定奉行《ひょうじょうぶぎょう》（※）の補佐役。能吏が選任され、それぞれの奉行役に昇進していく者が多かった。補佐役とはいえ、表方（※）のなかでは重要な役職であった。副役という名称自体は、元禄十四年（一七〇一）の会所設置にともない、それまで家老付であった用達を副役と改称したことに始まる。

【側方　そばかた】

城内に詰めて藩主の補佐・取次などを行う諸役の総称。御相手番（※）・御膳番（※）・御刀番（※）・目付（※）・納戸役《なんどやく》などがこれにあたる。

【側小姓　そばこしょう】

五人。御小姓組より選抜され、常に藩主に侍従し、頭髪月代《さかやき》のことなど身の回りのことに奉仕した。↓（旧）

た

【代官　だいかん】

農政・民政を担当した役職。郡奉行《こおりぶぎょう》（※）が置かれた一時期を除いて、寛政七年（一七九五）に郡奉行が再設置されるまでの農村行政を担当した。寛政六年の時点では、領内は十二の管轄区域（扱―あつかい）に分かれていて、二二人の代官と、二三人の代官手代《てだい》役が任じられていた。

【大身代官　たいしんだいかん】

佐竹氏の入封から天和三年（一六八三）に、藩の蔵入地《くらいりち》に専任代官が設置されるまでは、所預（※）や大身給人に蔵入地を預ける形で支配させた。いわば俗称で、正式な制度として設置さ

れていたものではない。↓（秋）

【鷹狩　たかがり】

藩政においては、藩主と藩主から鷹の使用を許可された一部の重臣だけが行った。大名も将軍家から許可されているというかたちをとっている。つまり、鷹の使用は、そのまま武士のヒエラルヒーを反映しているといってよい。本来は山野を駆け巡って軍事的素養を養う性格をもっていたが、藩主の場合、御渡野《おわたりの》（※）といい、領内各地を自らが巡視し、実態を把握する目的として行われることが多かった。家臣の場合は、純粋にレジャーとして行われる場合が多い。獲られた鳥は、食料とされたほか、贈答に用いられたり、家臣へ下げ渡されたりした。以下に、秋田藩関係の史料によく出てくる鷹の呼び方についての語句をあげておく。

大鷹（おおたか）
蒼鷹《あおたか》とも。ワシタカ科の鳥で、ハヤブサなどともに古くから鷹狩に用いられた。雌が雄よりも大きい。

片毛（かたげ）
片鳥屋《かたとや》とも。鷹などの羽毛が夏の終わり頃からぬけおちて、冬になって生えそろう一回目。またその鳥。

君不知（きみしらず）
鷹の両翼の裏の羽。贈答に用いられた。

鷂（はいたか）
ワシタカ科の小型の鳥で、鷹狩に用いられる。雌雄で羽の色や大きさが異なり、鷹狩には雌が用いられ、これをハイタカと呼ぶことが多く、箸鷹《はしだか》ともいった。この場合雄は兄鷂（コノリ）と呼ばれた。

巣鷹（すだか）

雛のうちに巣からおろして育てられた鷹。

兄鷹（しょう）
大鷹の雄。

弟鷹（だい）
大鷹の雌。

黄鷹（わかたか）
「きだか」とも。一歳鷹。

山帰（やまがえり）
片鴘（かたがえり）とも。二歳鷹。

青鷹（あおたか）
諸鴘（もろがえり）とも。三歳鷹。

【駄輩　だはい】
禄高の多寡に基づいた家臣団の呼称の一つ。一騎以下で、九〇石以上をいう。

【蟄居　ちっきょ】
武士の刑罰の一つ。一室への監禁刑。出歩くことは禁止された。

【追放　ついほう】
一定の地域外に放逐《ほうちく》する刑罰。武士の場合、処置は改易《かいえき》（※）と同様であるが、大小（刀）は取り上げ、域外に出た時に渡すものとされた。軽いものは亀田《かめだ》境口滝の下から（久保田から二十里十五丁）、中位のものは南部境口生保内《おぼない》（同二十一里五丁余）と、津軽境口岩館《いわだて》（同二十二里二丁余）、もっとも重いものは矢島《やしま》境口大沢（同三十一里三丁余）と、仙台境口手倉《てくら》からの追放であった。農民や町人は、一村払い・一町払いから、郡払い、他領への追放などがあり、共同体からの強制的隔離という意味合いがあった。

【償高　つぐのいだか】

役料《やくりょう》。ある禄高に相当する役職を、それ以下の禄高の家臣が勤める場合に支給される役料。たとえば禄高一五〇石相当の役職に五〇石取の家臣が就任した場合、その任務にある期間その差額一〇〇石が支払われる。なお、役料には、その役についた家臣の知行高や扶持の額にかかわらず、一律に同じ額を支給するもの（「役付役料」）もあった。

【寺請証文　てらうけしょうもん】

寺請制度下において、檀那寺《だんなでら》が檀家に対して発行した身分証明書。結婚や旅行などに際し発行された。

【寺請制度　てらうけせいど】

江戸時代、あらゆる人々は檀家としていずれかの寺に属したが、その檀那寺が、それらの人々に対してキリシタンなどの禁制の宗教の信徒でないことを証明した制度。

【伝馬役　てんまやく】

駅場《えきば》には、公用旅行者の便宜に供するために人足や馬が配備されたが、その馬の提供は、宿駅《しゅくえき》付近の村々に課された。これを伝馬役という。秋田藩の場合、当高一〇〇石について一か年三〇匹とする高掛《たかがかり》伝馬と、年貢免除の伝馬屋敷居住者による家掛《いえがかり》伝馬とがあった。→（県）（六）

【銅山方吟味役　どうざんかたぎんみやく】

銅山奉行（※）の下にあってこれを補佐する役職。院内《いんない》銀山（※）や阿仁《あに》銅山（※）など各鉱山に派遣され、常駐した。現地では「詰合」（つめあい）と称された。

館《たてがま》構えで、屋根は小羽《こば》葺きである。羽州街道南半の軍事的・政治的・経済的要地であった。向《むかい》氏（一時小鷹狩《こたがり》と変名）の組下給人も居住した。

湯沢（ゆざわ）

一門の南家が当初より駐屯。元和六年の破却で館構えとなる。藩主の参勤交代の路上に位置し、御休《おやすみ》本陣が置かれた。

院内（いんない）

最上《もがみ》地方への押さえにあたる要地。当初矢田野《やだの》氏が配置されたが、のち大山氏がこれにかわって代々所預として駐屯した。

な

【担　にない】

禄高や家格に比して下位の職に任ずること。上級役人が下級の職を担当すること。これに対して、禄高の少ない者がより上級の職につくことを加勢《かせい》という。たとえば「郡方見廻役加勢」など。

【年中式　ねんちゅうしき】

藩政庁や城中での年間の儀式、諸役所の定例業務の日程を収録したもの。

【能代御雑用銀　のしろおざつようぎん】

能代奉行所の一般会計。この係を御雑用役という。

【能代木山方　のしろきやまかた】↓木山方

【能代奉行　のしろぶぎょう】

一名から複数名にわたっておかれた。藩政後期に限ってみると、勘定奉行（※）一名が兼務した。前・中期には長期間にわたって能代に赴任した場合もあるが、後期には、一年に一、二度久保田から出張して現地を視察した。藩の直轄支配地である能代湊の財政・民政全般にかかわる重要な役職であった。具体的には、湊および出入する船舶の管理、財用の出納の管理、米代川《よねしろがわ》流域の材木山の管理、物資が出入する各番所の管理、能代居住の組下給人の公務に関する指示、下代《しただい》（※）以下の属役の指導と監督、岩館《いわだて》番所（※）の通行手形の発行、能代に関する事項の藩への報告、などである。→（能）

【乗出　のりだし】

後継者に内定した次期藩主が、初めて将軍に御目見《おめみえ》すること。これによって正式に幕府から相続権が公認された。

は

【箱館出兵　はこだてしゅっぺい】

文化四年（一八〇七）、幕府の命をうけて、秋田藩が蝦夷地に出兵した事件。同年、長崎において通商要求を拒絶されたロシアの使節レザノフの命により、その部下がエトロフ島や利尻島を襲撃し、会所・番屋《ばんや》・商船などを破壊するという事件が起きた。すでに蝦夷地勤番には、弘前・盛岡両藩があたっていたが、幕府は両藩に増兵を命じるとともに、秋田・庄内・仙台・会津の四藩に出兵を命じた。秋田藩は、陣を三つに分けて出兵に臨んだ。第一陣は、幕府からの要請があったその日のうちに軍割が行われて、その翌日の五月二十五日に久保田を出発。陸路を移動して三厩《みんまや》に至り、三六九名が六月十日に箱館に到着した。箱館奉行との交渉など、いっさいの差配を行う陣場奉行は金易右衛門《こんやすえもん》が勤めた。第二陣の軍割はやや遅れ、五月二十七日に終わったが、実際に出兵したのは松野茂右衛門《まつのもえもん》を大将とした二二二名であった。これは六月七日に能代より船で渡航したが、途中難風に悩まされ、箱館で一軍と合流したのは七月二日であった。第三陣は、蝦夷地には渡航せず、領内海岸の警備にあたった。渡航した軍は、駐屯先を箱館から七重浜《ななえはま》に変更され、八月五日に帰国した。この時の出兵に関する史料は少なくないが、「大山矢五郎日記」（県公文書館蔵）などがもっともよくまとまった史料である。

【非人　ひにん】

秋田藩では、乞食《こつじき》や浮浪人をさす。

【本御家中　ほんごかちゅう】

旧芦名《あしな》家家臣の一部で、芦名家断絶後式部《しきぶ》家（※）家臣となり、享保十七年（一七三二）式部家が宗家を継いで断絶したのち、北家《きたけ》（※）が所預《ところあずかり》（※）として居住する角館に住居した武士に対して用いた呼称。当時一七名。問題は、これを「もとごかちゅう」と読むか「ほんごかちゅう」とするか、確定できないことである。ただ、彼らをさしてはっきりと「元御家中」と記した史料がみられないこと、また彼らをこのようにして区別したことには、宗家を継いだ式部家の家臣であったという意識が反映されており、そのことがしばしば他の角館住居の組下との軋轢を生じていること、角館居住後も藩の直臣であることにかわりはなく、それを「もとごかちゅう」と呼称するのでは矛盾すると思われることから、ここでは「ほんごかちゅう」とした。立場上は他の組下と同等であるにもかかわらず区別化して扱うことが問題となり、寛政九年（一七九七）、佐竹義和《よしまさ》はその呼び方を「角館住居」と改めた。

ま

【マシケ　ましけ】

安政二年（一八五五）の第二次蝦夷地幕領化にともなう蝦夷地警備、および同六年の蝦夷地分領化にさいして、秋田藩の元陣屋《もとじんや》がおかれた蝦夷地西海岸の要地。安政二年、ロシアの圧力に危機感を増した幕府は、全蝦夷地を幕領とし、東北六藩（仙台・庄内・会津・秋田・盛岡・弘前）にその警備を命じ、さらに、同六年には蝦夷地をそれらの藩に分知《ぶんち》し支配させる政策をとる。この時、秋田藩に新領地として分知されたのは、マシケ領、ソウヤ領からモンベツ領の境までの地域、リイシリ・レブンシリであり、あわせて北蝦夷地（カラフト）のシラヌシとクシュンコタンの警備も指示された。藩は、西海岸の要地にして場所請負人の会所のあるマシケに元陣屋を置き、その他に出兵している兵士を冬期間ここに戻して越冬させ、翌年交代させるという方針をとった。警備の初年度にあたる安政三年の場合を例にとると、人員は、マシケ一六九人、ソウヤ五九人、シラヌシ一一人、クシュンコタン四二人であるが、番士が詰めているのはマシケだけであり、その他は足軽中心である。その間の駐屯の実態は、一部を欠くが「石井忠行日記」に詳しい。

【升取　ますどり】

村から年貢米として上納される米の量目を升を用いて計る者。身分的には高くないが、職務上重要な役割であった。

【町送　まちおくり】

秋田藩の場合、手紙や触を伝達する際、駅場をついで廻送された。宿継（※）と同義の使われ方である。

【町奉行　まちぶぎょう】

久保田市中および土崎湊の民政・警察職務を管轄。寛永二十年（一六四三）に長町《ながまち》に南北両役所を置いた。享保年間には役所の統合もあったらしいが、おおむね二ヶ所に分かれていたようである。二名。↓（秋）

【廻座　まわりざ】

家格の呼称のひとつ。引渡《ひきわたし》（※）につぐ、譜代《ふだい》門閥《もんばつ》を中心とする大身家臣。家老は、この廻座以上の家格の者から選ばれた。

【向高　むけだか】

給地の質入行為、またその高。給人財政の窮乏にともない、一八世紀中頃より広く行われるようになる。納入催促などの権利も給人から債権者に移った。向高証文には、給人自身が差出人となったものと、知行地百姓が差出人となっているものとがある。

【村請制　むらうけせい】

年貢納入を、村単位で責任をもって行う制度。幕藩体制のもとで、全国的にとられた。農民は検地帳に土地一筆ごとに名請人（※）（耕作者）として記載され、年貢納入の義務を負うが、困窮などの理由で納入ができない時、村全体がその分を負担し、納入した。

【村送　むらおくり】

領主の触書や廻状、あるいは町・村相互の連絡などをする際の送付方法。村を継いで順次送られた。また旅行中の病人や、六十六部《ろくじゅうろくぶ》など領内に留め置くことができない者を強制的に領内から退去させる場合にも用いられた。

【目付　めつけ】

家臣の監察にあたった役で、侍目付と徒《かち》目付とがあった。藩主の直接指揮下にあるのがたてまえであるが、通常は家老の支配下にあり、家臣の番方・役方勤務に関する不正の監視・摘発にあたった。

【免　めん】

年貢率。土地の状態によって上下がある。秋田藩では当高×〇・六で年貢が得られるが、この〇・六は免ではない。

【目　もくろみ】

普請や作事にかかわる見積り。この文字と読みは江戸時代の秋田に独特のもので、「目論見」と表記されることもある。

【本方奉行　もとかたぶぎょう】

貞享三年（一六八六）にはその名称がみえるが、町奉行（※）・勘定奉行（※）と同格の奉行として独立したのは元禄十四年（一七〇一）である。主として藩の財政支出面の管轄（年貢の取りまとめ事務や扶持米の支給、借知の割付など）にあたった。職務の内容上勘定奉行とかさなる部分があり、享保十年（一七二五）に廃止されている。明和年間（一七六四－七一）にはふた

たび本方奉行の名称がみえ、石井忠運《いしいちゅううん》が詳細にその職務内容を記述している。→（県）

【物頭　ものがしら】

弓・槍・鉄炮組の足軽・中間《ちゅうげん》を束ねた職。

や

【役前　やくまえ】

何人かの同役が交代で当番にあたる場合、それにあたった者をいう。江戸時代には月ごとに交代する月番、一年交代の年番などがあった。

【役料　やくりょう】→償高（つぐのいだか）

ら

【留守居　るすい】

江戸屋敷や大坂・京都においた役職。とくに江戸の留守居役は、幕府や他の大名との連絡・交渉の任にあたるとともに、他大名の留守居役と情報交換を行うなど、重要な役割をはたした。江戸留守居役の場合、基本的に江戸定住で、戯作家朋誠堂喜三二《げさくかほうせいどうきさんじ》を名乗った平沢平角《ひらさわへいかく》のように知的な活動で名をあげる者もあった。また、文政期（一八一八―二九）に活躍した田代《たしろ》新右衛門は、その事務能力をかわれて、江戸で勘定奉行の任についている。大坂の場合は、国元から出張した勘定奉行を留守居役とし、京都との兼務であった。

コラム① 貢納籾高論のトリック

当高《とうだか》制の理解の一つに、当高＝貢納籾高論《こうのうもみだかろん》がある。当高というのは年貢を籾高で示したもので、そこから正米六合を得るという考え方である。これならば、難しい理屈をこねなくても、当高×〇・六＝年貢という数式の意味を説明できる。たしかに、江戸時代後期には、実際の古文書にもそのように述べているものはある。たとえば、郡奉行であった湊曽《みなとそう》兵衛《べえ》は、その日記の天保七年（一八三六）三月の記事で、平鹿・雄勝両郡の備籾《そなえもみ》高二一一石四斗九升分を正米一二六石八斗九升四合とみている。これは、湊の頭のなかに「貢納籾高論」と共通する認識があったことをたしかに示している。しかし、『秋田県史』は、農事試験場の実験において一定の籾から六割の正米を得ること（六合摺《ずり》）は技術的に困難であることが確認されていることを紹介している。

かりに、六合摺の考え方で年貢が算定されているとすれば、これは農民にとってあまいものとなる。なぜなら、正米の年貢が六石の土地があるとすれば、五合摺の場合籾高で一二石必用だが、六合摺ならば一〇石でよい。だが、現実にそれが困難であれば、貢納籾高表示はたてまえで、農民は実際には一二石分の籾を準備しなければならないことになる。

実際にはどうだったか。寛政八年（一七九六）十二月、藩は、幕府から命じられた囲米《かこいまい》が終了したことの報告をしているが、そこで「米五一五石、但籾にて一、〇三〇石」としている。これは五合摺の計算である。藩は六合摺が現実的ではないこと、少なくとも幕府を納得させられるものではないことを知っていたのである。

　では、領主の頭の中に貢納籾高論が根強くあるのはなぜか。江戸時代の後期に書かれた「田法記《でんぽうき》」という解説書に「箋（賤の誤記）免の所何位《ところなにくらい》の田にても、当高壱石の惣出米、弐石四斗に限るべし、また当高拾石には二四石也」という考えが述べられている。つまり、どんな条件の土地でも当高一石から二・四石以上の米を取ってはいけない、というのである。換言すれば、当高一〇石の土地から二四石の米は取れる、ということである。実際に生産力は上がっていたから、検地高を上回る米の生産があっただろうが、ここで注目してほしいのは、当高一〇石から二四石という数値である。二四石の1／4は六石である。六石は、当高一〇石分の年貢である。とすると、年貢は生産米の1／4だ、ということになる。いわゆる「一公三民」論である。要するに、「武士は、全体の生産米の1／4だけを年貢としてとり、あとの3／4は、民にあたえているのですよ」ということである。

　さて、この考え方に貢納籾高論を加えて整理してみよう。当高一〇石から米二四石取れ、六合摺だというのだから、この分の籾高は四〇石である。すると貢納籾高である当高一〇石は、その籾高の1／4にあたるということになり、「一公三民」の論が成立するのである、「一公三民」論は、領主の「仁政」（民に優しい政治）を語るにはもってこいの論である。そしてこれをささえているのが貢納籾高論なのである。

コラム② 入寺の効用と限界

「入寺《にゅうじ》」という行為は、ある意味緊急避難である。その背景には、かつて網野善彦氏が論じた「無縁《むえん》」の問題がある。「無縁所」と認識された場所に入れば、そこでは世俗的な関係に追いかけられることはない。そして、寺は「無縁所」の代表的な場所であった。

寺に入れば、罪一等が減じられるかもしれないという期待を抱いてそこに身を寄せる近世人も、そうした認識とそれこそ無縁ではなく、また受け入れる寺も、自らをそのような役割を持つものと古くから認識していたと思われる。少なくとも、「入寺」という行為は、近世の領主権力が作り出した制度ではない。だが、また近世は、そのような古い認識を無効化していく時代でもあったかもしれない。秋田県公文書館が所蔵する「北家日記」には、「入寺」に関する記述がたくさん出てくるが、北家によってダメ出しされた事例を拾ってみよう。

延宝七年（一六七九）十二月、北家当主が駕籠《かご》で出かけようとしたところ、前もって言っておいたにもかかわらず、駕籠小頭《こがしら》の左次右衛門という者が出勤していない。調べると二日前から知り合いの家に泊まり込みで酒を飲み、そのうえ他の家の中間《ちゅうげん》と口論したため、仕事をすっぽかしたのだとわかった。左次右衛門はただちに疏渓庵《そけいあん》に入寺したが、当主の怒りはおさまらず、南部領へ追放となった。ただし「本来成敗すべきところだが、疏渓庵に飛び込んだことでもあるから南部へ追放した」とあるから、少しは考慮されたのかもしれない。

　元禄七年（一六九四）四月、石黒友之助という浪人が、母親と口論となった。使用人が間に入って収めようとしたが、友之助が脇指を抜いたため、それが八歳の弟にあたり、重傷を負ってしまうという事件がおこった。友之助は欠落《かけおち》し、その足で本明寺《ほんみょうじ》へ入寺したが、兄によって寺を連れ出された。北家当主は、これに縄をうってそのまま成敗（死刑）している。さしたる理由もなく武器をとって他者を傷つけるようなケースでは、ほぼ入寺は効力を発揮しない。

　明和三年（一七六六）十月、角館町在住の中屋五兵衛という者が不届き者であるとして、町中徘徊《はいかい》を差し止められていたが、その間常光院《じょうこういん》に入寺し、（寺から）法事のため実家に戻したい旨の願いが出された。ところがよく聞くと、すでにあちこちで五兵衛の出歩いている姿が目撃されており、怒った北家当主により、常光院から出された願書は突き返されている。

　享和三年（一八〇三）十月三日、北家は家来たちに、粗相《そそう》があった場合、その罪が確定する前に寺を頼っても無功であるという通達を出し、法度《はっと》が入寺慣行《かんこう》に優先することを確認している。

　寺も次第に、権力という俗縁にからめとられているようである。

2 村

あ

【扱　あつかい】

代官が管轄する区域をさす。

【安堵銭　あんどせん】

地主経営において、地主から小作人に対し、その小作地の経営を維持するために投入される銭。

【居引　いびき】

検地役人の検見を経ず、村の要求に基づいて、代官あるいは郡方吟味役《こおりかたぎんみやく》(※)らの見分によって検見《けみ》高を決定すること。農作業の遅れによって、刈入れが降雪時期と重なる危険があるような場合に取られた措置。

【入会地　いりあいち】

一定の山林原野を複数の村が共同利用する慣行を入会といい、その場所を入会地という。入会地の利用は、木材・薪炭・刈敷・まぐさなどの採取をはじめ、農民の生産・生活に関わるうえで広範囲におよび、村が存続していくためには不可欠であった。そのため、その利用のあり方や優先権をめぐってしばしば村同士の紛争が生じた。

【馬指　うまさし】

馬を指図するという意味で、宿駅に集まってくる人と荷物を滞りなく継立輸送すること。↓(六)

【漆　うるし】

藩が、農間余業として取り立てを奨励した商品作物の一つ。山の麓や、田畑の障害にならない場所に植林された。漆の採集は、木に傷をつけてそこからにじみ出てくる樹液を集めるのであるが、その道具を藩の役人が貸し付けている例がみられる。木に傷をつけることを鋸入《のこぎりいれ》といい、採集のことを抓取《つみとり》と言った。↓(横)

【駅場　えきば】

街道沿いに置かれ、公用や商用の旅人に人馬を提供し、その利便を図ることを目的とした。高札場《こうさつ》・伝馬《てんま》役所などがあり、大きな駅場には、参勤交代時に大名が宿泊する本陣《ほんじん》や御休所《おやすみどころ》が設けられた。↓(六)

【枝郷　えだごう】

支郷とも。古くからの村が新田開発を行い、周辺に田畠が拡大していった場合、開発を行った村から離れた部分などを枝郷とした。したがって、必ずしも複数の家が集中している集落を形勢しているとはいえず、極端な場合は、家一軒なくとも枝郷とされる場合もあった。↓(横)

【御扱様　おあつかいさま】

郡方吟味役をさす。

【御支配様　おしはいさま】

郡奉行をさす。

【長百姓　おとなびゃくしょう】

肝煎《きもいり》につぐ村役人の一つ。肝煎が多くても二名であるのに対して、五名ないしはそれ以上の人数がおかれた。

【御役屋　おやくや】

寛政七年（一七九五）、郡奉行が設置され、その下に郡方吟味役（※）・郡方見廻役（※）などの属役が組織化されたが、吟味役・見廻役などが廻村するさい拠点とした出張所。寛政十一年（一七九九）には、秋田郡五か所、山本郡三か所、河辺郡二か所、仙北郡四か所、平鹿郡三か所、雄勝郡二か所の、十九か所であった。↓角

【親郷・寄郷　おやごう・よりごう】

一種の組合村制度。親郷一村に一〇か村前後の寄郷を付属させ、連帯責任の体制をとった。はっきりした成立時期は不明だが、藩政前期にはすでにみられる。親郷は、組合村のリーダー的存在であり、組合村全体の自治的機能の中心であるとともに、代官などの農村支配役人をささえる農村行政の一機関としての役割をはたした。後期の触れでは、問題が起こった場合、郡方に上申する前に親郷レベルで内済ですませるようにという指示が出されている。親郷も固定されたものではなく、村の財政的な理由や行政上の問題から変更されることがあった。

か

【皆済目録　かいさいもくろく】

領主から村宛に発行された、年貢の完納証明書。

【欠落　かけおち】

百姓が土地の耕作を放棄して、その村を去ること。無符人高《むふにんだか》（※）発生の要因となった。

【糧　かて】

とくに、飢饉食として用いられた食物。大根・蕗・がざ・ところ・栗・藁《わら》のふく・かぶ・みず・とちの実・蕨根《わらびね》・しだみ・松皮餅《まつかわもち》など。藩は、天明飢饉以降、平時にもつねにこの糧の採取を心掛け、これを主食にまぜて食をとるよう奨励している。

【刈高　かりだか】

土地を石高で示さず、「田地刈高一八〇〇〇刈」というように示す場合がある。これは制度上には見られないもので、在地の慣行から用いられたものと思われる。中世にも刈高表示の史料はあるが、近世後期の場合は、実態を示すものというよりは、おおまかな約束で成り立っている要素が強い。文化年中（一八〇四―一八一七）と思われる西馬音内堀廻《にしもないほりまわり》村の事例では、一石＝一八〇刈として計算している。また平鹿《ひらか》郡十文字《じゅうもんじ》新田村の小松家の三田《さんでん》（※）米をまとめた史料では、当高一石＝一九二刈として計算している。→（県）（十）

【軽尻　かるしり】

荷馬のことで、人が乗って荷をつけていないものをいう。ただし、五貫目までの手荷物はつけられた。

【飢饉　ききん】

凶作、年貢の加重などのほか、領主が米を大坂や江戸に廻送することを優先するというように、複数の要因がかさなって領民が餓死にいたるような状況。近世中後期の秋田藩で著名な飢饉としては、①宝暦五年（一七五五）、②天明三年（一七八三）、③天保四年（一八三三）のものがあげられる。①は、同三、四年が凶作であったが、五年は冷気がちであり、降雨のない日も曇天が続き、稲の生育期にも晴天が見られない年であった。②は、夏季における東風《だし》の強風と、早期の降雪による。津軽領や南部領からの流民《るみん》も多く、多数の餓死者を出した。③については「天保飢饉」を参照のこと。

【寄生地主　きせいじぬし】

とくに近代史で用いられる歴史用語。近世の場合、村方地主（※）が村内に土地を持って、自家労働力で手作りすることを基本とするのに対し、寄生地主は他村に多くの土地を所有し、小作労働を用いて耕作することを特徴とする。近世では金銭の貸与や土地の買収により集積し、近代に入って巨大地主に発展するものが多い。

【北浦一揆　きたうらいっき】

天保五年（一八三四）の一月と二月の二度にわたって、仙北郡北浦地方で起きた百姓一揆。同年一月二十六日、仙北郡前北浦《まえきたうら》地域の農民、約四〇〇〇人が、飯米《はんまい》確保のため蜂起した。具体的には、この地域は以前から阿仁《あに》銅山（※）の飯米《はんまい》の供給を義務づけられていたが、前年の飢饉の影響で、その米の銅山への廻送の中止を求めて立ち上がったのである。一揆勢は、当初長野村の郡方の御役屋に強訴《ごうそ》（※）して要求を出したが、埒があかないとみるとそのまま久保田に押し登り、藩と直接交渉しようという動きを見せた。しかし神宮寺《じんぐうじ》村の渡し場まで移動したところで、郡方役人の説得によって解散した。これを前北浦一揆《まえきたうらいっき》と呼んでいる。続いて、二月十八日奥北浦《おくきたうら》地域の農民が、やはり阿仁銅山への米の廻送中止を求めて蜂起した。奥北浦は、前北浦に接続する田沢湖《たざわこ》寄りの地域で、阿仁銅山への廻米ルートの起点に位置していた。この一揆が前北浦と異なっている点は、米持ちと判断された富農に対する激しい打毀《うちこわ》し（※）をともなっていたことである。しかし、その場合も対象を選んでおり、我意を張り農民に不相応な生活ぶりの富農をねらい、村役人として先祖以来よく勤めてきたと判断された家は打毀しの難を逃れている。また、郡方役人の説得には耳をかさず、この地域一帯の所預《ところあずかり》（※）であった北家（※）当主の説得に接して解散していることなど、注意すべき点が多い。

【肝煎　きもいり】

村の責任者。関東の名主《なぬし》、西国《さいごく》の庄屋にあたる。原則として一名。大村の場合は二名の場合もある。世襲されることが多いが、村民の意見で交代させられることもあった。原則として就任には藩の認可が必要であった。

【組代　くみだい】

村が複数の給人の知行《ちぎょう》地からなる場合、それぞれの給人《きゅうにん》に対して年貢・諸役を納入する責任者。設置年代は不明だが、給人の知行地が分散し、村の相給《あいきゅう》化《か》が顕在化する寛文・延宝期（一六六一－一六八〇）頃と考えられる。

【繰綿　くりわた】
木綿の原料。史料上散見されるが、秋田領内では生産していないから、すべて西国《さいごく》からの移入品である。

【桑　くわ】
藩が奨励した商品作物の一つ。養蚕《ようさん》業に欠かすことのできない蚕《かいこ》の飼料として重要であった。用途によって栽培に選択のはばがあった。たとえば、一年に一回繭を取る春蚕用では「赤木」という品種、蚕がまだ幼い時にはこれより柔らかい「振袖」という品種の桑を根刈りしたものが適したという。桑は、水田以外の土地、すなわち畑・山野・堰川端などに栽培されたが、その方法にはいくつかの種類があり、また肥料のやり方、病気対策など専門性が高いものであった。そのため、桑の栽培に関しては早い段階から幾度も領外の養蚕先進地から、技術巧者を招いて指導にあたらせている。↓（横）

【鍬延　くわのべ】
他村に耕作地を保有し、出作《でさく》することまた、その百姓。

【毛引　けびき】
水損《すいそん》や干損《かんそん》などにより作柄が悪いと判断された土地について、一年限りの貢租免除を行うこと。

【講　こう】
原始的な神や在地神を信仰することを目的として村内に作られたグループ。信仰を共有する宗教的結社であるとともに、金融などを行っているケースも見られるので、相互扶助的な役割

もはたしていた。また、日を決めて集い語り合う娯楽的な目的もあった。庚申講《こうしんこう》・大師講《だいしこう》・太平山講《たいへいざんこう》などがその例である。↓（県）

【強訴　ごうそ】

農民などが徒党（※）を組んで、訴願すること。違法行為とされた。

【郷作り　ごうづくり】

欠落《かけおち》などで耕作者がいなくなった土地を、村全体が人を雇ったりして耕作すること。

【郡方御備　こおりかたおそなえ】

郡方の名目で備蓄された米・銭。郡方蔵元（※）が管理した。

【郡方蔵元　こおりかたくらもと】

名目上、郡方の財政を管掌した役職であるが、実態は、各地の在郷商人《ざいごうしょうにん》（※）。郡方御備を管轄し、郡方の要求に基づいて、農民に銭等を貸し付け融通をはかるなどした。

【石盛　こくもり】

土地一反歩あたりの生産高を決めること。また、その数値。斗代《とだい》。

【五升備米　ごしょうそなえまい】

天保七年（一八三六）に実施された備荒貯穀《びこうちょこく》政策。老人・幼児・障害者などを除いたすべての労働人口を対象として、人頭割《じんとうわり》で籾の供出を義務づけた。そのうえで個々の負担能力を勘案して共同体内での措置を認めている。当初七か年と期間を限った政策であったが、それ以降も実施され、幕末期には各地域では多くの備蓄米があったことが確認できる。

【五人組　ごにんぐみ】

年貢上納を完遂させるとともに、治安維持の目的で連帯責任をとらせるための組織。秋田藩の場合、元和五年（一六一九）の段階では十人組とされている。貞享元年（一六八四）の段階では「五人組」の名が史料上確認できる。

【小走　こばしり】

肝煎の下働き的な存在の小使役《こづかい》。代官や肝煎からの命令・指示を伝達する役割を勤めた。

【小間居　こまい】

史料上にあらわれる語句で、低所得者層・下層民をさす。町場の場合も同様。

【小物成　こものなり】

米で納められる物成《ものなり》以外の、現物で納められるさまざまな課役。

さ

【在町　ざいまち】

支配上は郡方《こおりかた》の下にあって村として存在したが、地域社会の商品流通の発展に促《うな》がされて、市などが開かれ、町場としての役割をはたした村。六郷《ろくごう》村・増田《ますだ》村・浅舞《あさまい》村・西馬音内前郷《にしもないまえごう》村・刈和野《かりわの》村・五十目《ごじゅうめ》村・鷹巣《たかのす》村など、領内に多数存在。

【在郷商人　ざいごうしょうにん】

在方《ざいかた》商人とも。在町の発展とともに成長し、地域社会の必需品の流通を担うことで経済的に成長した商人。身分的には農民である。近在農村への銭・米の貸付けや質地・永代地《えいたいち》の形による土地集積を行って地主として発展した者も少なくない。六郷《ろくごう》の栗林《くりばやし》家などが著名。

【指紙開　さしがみびらき】

新田開発の許可状を秋田藩では指紙《さしがみ》といったが、これを得て行われた新田開発をいう。主として、給人の支配地の延長上で行われた。天和期をさかいに見られなくなり、延宝期からは武士の開発も注進開《ちゅうしんびらき》（※）が増えてくる。

【散田　さんでん】

本来荒廃した土地を示す語句だが、近世の秋田では一八世紀後半より成長してくる地主の小作経営を意味することが多い。「三田《さんでん》」と記すこともある。

【三田経営　さんでんけいえい】

「三田」は「散田」が転じたもの。村に生じた無符人高《むふにんだか》（※）の経営方式として、経営能力のある他者や他村にその耕作をまかせるもの。のちにこれが転じて、小作を労働力とする地主経営をさすようになった。史料上「三田米」などと出てくる場合は、小作米を示す。

【質地地主　しっちじぬし】

幕府は土地の売買を禁止したが、実際には土地の質入という形で所有者の移動が行われ、結果的には質流れとなった土地が地主に集中する現象が生まれた。ここから、農民に対する金銭の貸与と土地集積を積極的に行い、将来的に寄生地主に（※）展開していく例も多い。

【四木三草　しぼくさんそう】
江戸時代の商品作物の代表的なものをまとめた呼称。四木は、桑（※）・茶・楮《こうぞ》・漆（※）、三草は紅花《べにばな》（※）・藍《あい》・麻。秋田藩では、しばしばこれらの殖産を奨励する触れを出しているが、基本的には農間余業《のうかんよぎょう》としての奨励であった。

【条々　じょうじょう】
黒印御定書《こくいんおさだめがき》（※）と一緒に各村に交付された文書。服装や贈答、冠婚葬祭など、農民生活全般にかかわる事項が詳細に規定されている。

【助成米　じょせいまい】
春の耕作準備などのために、疲弊した村に藩が供与する米。

た

【高結び　たかむすび】
新田開発地を知行地に加えること。

【注進開　ちゅうしんびらき】
主に農民の進言によって開発許可が出されて行われる新田開発。見立注進《みたてちゅうしん》と、農民自身の費用負担で行われるものがあった。前者の場合、開発高の五％、後者の場合は三分の一が開発者の辛労免《しんろうめん》（※）として認められ、残りはすべて蔵入地（※）とされた。延宝期（一六七三－八〇）以降は、家臣団による注進開がみられるようになった。→（県）

【逃散　ちょうさん】

農民たちが申し合わせに従い、村を捨てて欠落《かけおち》（※）すること。近世初期に多い。

【連貫　つなぎ】

年貢とは別に、村自体が村費として徴収していた銭。たとえば、所用による久保田までの往復にかかる、草鞋代《わらじだい》・宿泊代・船賃などに用いられた。→（十）（平）

【潰れ　つぶれ】

年貢滞納や、凶作・災害などで破産した百姓。無符人高《にふにんたか》（※）発生の大きな要因となった。

【田位　でんい】

土地の質・条件（土の性質・日当たり・水掛りの条件など）によって、上田・中田・下田・下々田《げげでん》の四等級に区分され、それによって年貢率が変わった。畠も同様に、上畠・中畠・下畠・下々畠と区分された。

【天保飢饉　てんぽうききん】

天保四年（一八三三）、東北全体を襲った大飢饉。仙北筋では、五月頃から冷気勝ちの天候が続き、土用中も連日寒冷であった。七月に入っても雨天と寒冷の日が続き、八月には鳥海山《ちょうかいさん》に初雪があった。七月末から八月初旬までは暴風雨で霰《あられ》が降った。九月末からは雪が降り始め、このような降雪が刈上げの時期まで続いた。下筋では、四月頃は冷気が強く苗代の出来が悪く苗が不足し、田植が遅れた。田植前後から日照り続きとなったが、六月に入ると雨天が続き、冷気勝ちで、虫害も発生した。死亡者数は、平鹿郡の場合、前年比で約三・五倍、雄勝郡で三倍である。村からの毛引願いは、六郡全体で四万石強におよんだ。凶作が飢饉に転じた理由としては、備蓄米《びちくまい》が米価高値《たかね》の時に売払われていたということもあげられる。藩は、大坂や越後など、領外からおよそ八万八〇〇〇石の米穀を移入して対応した。また、城下四か所（牛嶋・笊町《ざるまち》・八橋・上野）と各郡二か所ずつに御救い小屋を設置して粥などを施行したが、他領からの流民も多く、一小屋で一日一五、六人の餓死者が出たという。

【伝馬肝煎　てんまきもいり】
宿駅であった六郷高野《ろくごうたかの》村に置かれた、伝馬町を統率する最高責任者。通常の村肝煎とは別枠で置かれていた。↓（六）

【徒党　ととう】
多数の農民が寄り集まって、村役人や領主に対する要求事項などについての申し合わせ、相談を行うこと。集合場所には、鎮守などが用いられることが多かった。

な

【名請人　なうけにん】
検地帳に、その土地の保有者・耕作者として登録された農民。

【名寄帳　なよせちょう】
検地帳に基づいて、名請人ごとに田畑・屋敷地をまとめ直したもの。

【根船　ねぶね】
田に肥を運んだり、田植時に苗を運んだりする、農作業で使用する道具と考えられる。↓（能）

は

【番水　ばんすい】
村における用水利用方法の一つ。日限と時刻を定めて水を流す。たとえば、一昼夜十二時交替とか、五日めに一昼夜流すとか、いろいろな水量規定がある。↓（横）（十）

【筆取　ふでとり】
村におかれた役の一つ。記録を取ることを主な務めとした。地域によって違いはあるだろうが、単に筆算に優れているだけでなく、藩の触書きや役人からの指示を解釈してそれを記録し、また口上書《こうじょうしょ》の案文の作成にかかわるなど、重要な役割をもっていた。↓（横）

【分米　ぶまい】
公定生産高。秋田藩は当高制《とうだか》（※）をとっているが、分米は通常の石高にあたる。

【分水　ぶんすい】
村における用水利用方法の一つ。稲の刈数や高の多少、土地の広さによって、水量の割合を堰口で調節すること。

【紅花　べにばな】
江戸時代の商品作物の一つ。もっとも重要な用途は染料であったが、そのほかにも絵具《えのぐ》・薬用・油などにも用いられた。藩は、安永元年（一七七二）に紅花座を置いてその栽培を奨励した。文化九年（一八一二）には、郡方の御役屋から紅花の種を有志に給付するという触れが出されている。

【本陣　ほんじん】
宿駅が置かれた町・村で、参勤交代《さんきんこうたい》時に大名が宿泊する宿として指定された家。秋田藩の場合、藩主のほか、弘前藩の参勤にも用いられた。

【本田　ほんでん】
佐竹氏入部以前からの田地で、三度の領内総検地によって把握された土地。

【本田並　ほんでんなみ】
佐竹氏入部後から後竿《あとざお》(※)までの新田開発分。

ま

【マキ　まき】
村のなかに存在する同族団の呼称。本家の権威が強く、分家が本家に社会的、経済的に従属しているのが特徴。別家は本家に労働力を提供し、マキ全体で田植えや稲刈りを行う。山村でも、入会の利用はマキの成員に限定されている場合もある。↓(県)

【松前稼ぎ　まつまえかせぎ】
下筋《しもすじ》(現在の県北)の海岸沿いの地域に多くみられる。この場合の「松前」は、広く蝦夷地をさしている。天明五年(一七八五)の八森村《はちもり》について「松前鯡《にしん》手間ニ四百人あまり参り候て、一人ニつき七貫文余ずつ持参つかまつり候」とあるのが、史料上確認できる古いものである。町触では、天明八年の触れで、同三年の凶作以来、小百姓らの松前出稼ぎが多くなり、田畑が荒廃するとしてこれを禁止している。しかし、天保二年(一八三一)の「被仰渡」では、海岸村々の松前で漁稼ぎする者については、「田畠の稼に馴《なれ》申さざる筈につき…格別の事」として認可している。幕末近くの男鹿農民の蝦夷地での漁稼ぎはさかんであったらしく、藩は高額の役銀を課して許可している。

【水帳　みずちょう】
検地帳のこと。またはその写し。

【水呑　みずのみ】
屋敷の有無にかかわらず、耕作すべき土地をもたない百姓。無高百姓。

【水役　みずやく】
田に水を配分する役。

【無尽　むじん】
主に農民や町人が講（グループ）をつくって金銭を都合しあった、金融方法の一つ。年数回の会合をもち、構成員は決まった額の掛け金を出す。会合の際、金銭を必要とする者が諍《せ》り合い、積立金を受け取る。この方法が正常に運営されるためには、諍り取った者がその後も既定の額を必ず供出することが前提となるため、諍り取る場合には、保証人を立てたり、抵当を設定して証文を書いた。最初に親が取ることを決めた制度を親取《おやどり》無尽というが、この場合は、親に相当する者が何らかの必要があって無尽を発案する場合が多い。↓（横）

【無符人高　むふにんだか】
「符人」（苻人・付人とも）は名請百姓（検地帳に土地保有者・耕作者として記載された農民）を示す。したがって、耕作者不在の土地のこと。

農民が潰《つぶ》れとなったり耕作を放棄したりすることで生じた。

【村方地主　むらかたじぬし】

経営する土地が、基本的に地主が居住する村内にあり、しかも経営の基本が家内労働による手作りにあるような地主。多くは、小農の自立、大家族経営の解体とともに没落するが、小作経営に基礎をおく寄生地主《きせいじぬし》（※）に成長する場合もある。

【村方騒動　むらかたそうどう】

村役人の不正や村内の支配権をめぐる対立から生じる民衆闘争。

【村入用　むらにゅうよう】

村という共同体の維持費から、巡回してくる役人の接待費まで、年貢以外にかかる様々な費用。村人が分担しあって捻出するのが原則であるため、年貢同様大きな負担となった。

や

【役（人役）　やく（ひとやく）】

近世秋田の下筋（現県北地域）にみられる用語で、通常「田三人役、畠四つ役」といった表現で出てくる。これを正確に説明できる史料はないが、藩の制度ではなく、地域の慣行で用いられた語句で、土地の広さを示すもののようである。田・畠の高や面積との関連を数値的に確定することはできないが、推測すれば、ふつうの男子一人の一日の耕作量（面積）を単位とした表現で、だいたい七畝《せ》から一反前後ではないかとみられる。「介川東馬日記」には、「一人役ト云フハ百五十坪ナリ」という記載があり、その出米を一石六斗としている（上田）。貴重な史料といえよう（文化八年二月二十五日の条）。
↓（大）（十）

【休高　やすみだか】
農民からの訴願によって、一作荒地分の貢租が引き続いて免除されることがあり、これを休高と称した。

【休日　やすみび】
農民が労働から解放される日。江戸時代は自由に休むことはできず、領主の規制を受けていた。文化十二年（一八一五）の法度《はっと》によれば、正月三が日、同十五日から二十日まで、七月十三日から十六日まで(盆)、毎月一日と十五日(朔望)、五節句、所々の神事となっている。しかし、時代が下るにしたがって増加していく傾向にあった。↓（平）

【宥赦高　ゆうしゃだか】
生産性が低い割に高免の土地や悪所に対して認められた免除高。貢租対象より除外された高であるが、長期にわたる場合があり、藩政の中期以降から顕著になる。原則として、五年間の免除が認められた。

コラム③　娯楽と権力

江戸時代、秋田藩に限らず、各地の大名たちは領内にあやしげな宗教者や勧進《かんじん》、あるいは香具師《やし》などが入り込むことを極力制限した。だから、村や町で、あえて役者を呼んだりして人集めすることは原則としてできなかったはずであるが、そこは庶民の娯楽ということもあり、史料を見ていくと結構な数の芝居関係の記事に出会う。

よく知られているのは、久保田の場合で、明和年間（一七六四―七一）に藩は刑吏《けいり》でもあったエタに芝居の興行権をあたえ、これを「悪所《あくしょ》」として管理下におこうとした。しかし、久保田の人たちの芝居熱はそうとうなものであったらしく、石井忠行《ただつら》は「伊頭園茶話《いずえんさわ》」のなかで、「女たちは、新しい芝居がかかると下人《げにん》によい席を確保しておくよう頼んだりして、着飾っていそいそと出かけていく」と、憤懣やるかたない思いを書いている。

地域ではどうだったのか。原則として、晴何日、興行の種類を申請すれば、久保田に届けられ、家老たちの決済がおりれば興行することができた。その間雨天であれば、その分申請によって延長も可能であったようである。たいてい三日であるが、これでは庶民の欲求は満たされなかったろう。

「北家日記」には、村が隠れて芝居や歌舞伎などを行っているという記事が散見される。日程もそうだが、とりわけ大がかりな舞台装置や桟敷《さじき》席を設けることは禁止されていた。北家は、そうした隠れ芝居の情報が入るたびに、徒歩目付《かちめつけ》を派遣して取り壊させているが、村びとはまたすぐとりかかるという具合で、いたちごっこである。肝煎たちを吟味しようとすると入寺して自ら謹慎の姿勢をみせる始末であった。

村や町では、芝居・歌舞伎のほか、興味深い興行が行われている。いずれも「北家日記」によるが、文化二年（一八〇五）四月には大坂から曲馬乗りというのが来て、角館横町《よこまち》から許可願いが出ている。また同年一月には、やはり横町において四郎兵衛なる者が軍書《ぐんしょ》の講義を行って木戸銭を取っているということが問題になっている。この時の講釈師は、京都からやってきている。安永三年（一七七四）六月には、角館のエタから曲馬の興行願いが出されているが、これは久保田（エタ）仲間が許可されているもので、湯沢や横手の仲間も実施しているから、自分たちにも許可してほしいと述べている。

北家当主自身、屋敷へさまざまな芸人を招いて楽しんでいる。明和七年（一七七〇）五月には久保田の下町《しもまち》から来た「からくり」を招き観覧している。下町はいわゆる「エタ」町で、通常一門の屋敷内に入るということはありえない。このほかにも能代から来た夫婦ものの浄瑠璃語りを何度も屋敷に招き（明和五年七月）、一度などは「鶏鳴ニ及候」とある。また、「浮世物真似」などというものも呼び、奥方や女中たちと一緒に楽しんでいる（文化三年三月）。いつの世も、権力も庶民も娯楽の力には勝てないのである。

3 町

あ

【揚屋　あがりや】

牢屋。下級武士や陪臣《ばいしん》・僧侶・医者などの未決囚を収容した。

【揚屋　あげや】

遊女と遊興にふける場所。

【扱　あつかい】

久保田において、庄屋が管轄する区域をさす。

【打毀し（土崎湊）　うちこわし（つちざきみなと）】

天保四年（一八三三）八月十八日、飯米《はんまい》を求めて、湊で働く仲仕《なかし》を中心として下層民が集団で行動した事件。五〇〇人以上の下層民が一〇〇人ぐらいずつの集団に分かれ、米を持っていると思われる豪家に押しかけ、飯米を無心し、強引に所有している米の俵数などを調べあげ帳面に書き込んだりした。この事件は「うちこわし」とはいっても、「家毀《やこわ》し」という行為には及んでおらず、他に暴力的行為もなかったという。しかし、多人数による威嚇は、きっかけがあれば容易に「家毀し」に発展する可能性を含んでおり、「打毀し状況」とでもいうべきものであった。

【打毀し（能代湊）　うちこわし（のしろみなと）】
天保六年（一八三五）八月一日に能代で起こった下層民を中心とする民衆闘争。午後七時頃、寺々の鐘が打ち鳴らされ、当初六〇人程度であった群集は、移動するにつれて三〇〇人ほどに増加したという。土崎の「打毀し状況」と異なるのは、豪商と目される町人に対する徹底した家毀しという暴力をともなったことである。家毀しの対象となったのは、一一町、およそ四〇軒におよぶ。そのなかには両替所などが含まれている。この騒動のあと、家毀しの対象となった町人たちが中心となって、窮民《きゅうみん》に対する救い米などの提供を行っている。↓（能）

【運上銭　うんじょうせん】
いわゆる営業税といった性格のもので、各商売に課される。たとえば、家督町《かとくまち》については家督運上銭があり、振売りには振売焼印運上銭が、株仲間には株札銭が課された。↓（秋）

【親父役　おやじやく】
久保田の各町にみられる役職。決められた職掌はなく、旧家・豪家の者が選ばれて町内諸事の相談にあずかった。町の運営や意思決定には強い影響力をもった。能代では、宿老《しゅくろう》（※）という役がこれにあたるか。

か

【掛屋敷　かけやしき】
貸し家。他人に貸している家屋。

【格年　かくねん】

同類の商人および職人仲間の世話役。

【がつぎ銭　がつぎせん】

村や町において、その構成員の相互扶助を目的として備えた銭。能代では、複数の町が五組に分かれていたが、それぞれの組の経済的負担をできるだけ公平化するために、経済的負担が大きいと考えられた組に対し、他の四組から「かつき銭」が供出されている。↓（能）

【月行事　がつぎょうじ】

『梅津政景日記』に見えるが、その職務内容ははっきりしない。町代以外の者を選び、月交替で町内の事務連絡などにあたったものと思われる。

【家督　かとく】

特定の町が特定の商品の入荷・販売についてもつ、排他的特権。たとえば、大町三町の呉服・古手《ふるて》・絹糸・木綿・小間物、茶町の茶・紙・綿、肴町の魚・鳥、米町の米などがその典型である。↓（秋）

【株仲間　かぶなかま】

家督町がなく、各町に散在する商売や職人によって形成された排他的な組織。染屋・油屋・鋳物師《いもじ》・髪結《かみゆい》・仲買・莨刻《たばこきざみ》・桧物師《ひものし》・指物師《さしものし》・湯屋・金具師・豆腐屋・醤油屋・提灯《ちょうちん》屋・傘張・薬種屋・木挽《こびき》・張付《はりつけ》師・菓子屋・古道具屋・下駄屋・八百屋・うどん・そば屋・味噌屋・質屋・酒屋などの株仲間があった。↓（秋）

【髪結　かみゆい】

髪を結うことを仕事とする職人。しかし、それだけでなく、「悪者吟味《わるものぎんみ》」を目的として、同心の「目先《めさき》」としての役割をはたした。享保二年（一七一七）の調査では、久保田で一四軒であったが、文政元年（一八一八）の株札調査では五七軒にふえている。

【感恩講　かんのんこう】

文政十二年（一八二九）、御用聞町人那波《なば》三郎右衛門の発案によって設立された民間の保育機関。那波は、まず私有金一五〇両と年賦金二五〇両を合せて保育資金として献金し、その後有志を募って一九〇人から約二〇〇〇両を集めた。藩も一〇〇〇両を下賜し、知行二三〇石をあたえ、これが経営資金にあてられた。この運営には年番を置き、藩の指示で事務を行い、その下に用係下役が実務についていた。保育地域は、町奉行の管轄下五五町に永住する貧民の孤児や障害者、また家族の多い貧困者の中から調査のうえ決定した。支給品は、白米一人一日に二合六勺、七歳未満はその半分とし、また、医薬の支給や職業の奨励などがあった。↓（秋）

【小間銭　こません】

町人が賦課された公役《くやく》。間口《まぐち》一間を基準に賦課されたのでこのように呼称された。これが賦課されたのは屋敷持ちの本町人で、借家人や長屋人はその対象とはならなかった。↓（秋）

【小見世　こみせ】

久保田の町人居住地域にみられた家屋の特徴。雪を避けるために入口から庇《ひさし》を道路側に一間ほどさし出し、通路とした。現在は青森県の黒石《くろいし》に残る小見世通りが著名だが、古川古松軒《ふるかわこしょうけん》が「東遊雑記《とうゆうざっき》」に記している。市内では、現在は、わずかに大町の金子《かねこ》家住宅にその名残《なごり》がみられる。

【御用聞町人　ごようききちょうにん】

藩主に御目見えを許可された特権商人。いずれも領内きっての豪商で、御用金の献納など、経済的な部分で藩をささえた。個人で藩主に謁見できる者とそうでない者とがあった。

さ

【座　ざ】

一七世紀後半から、久保田城下に置かれた、特定商品を独占売買する機構。本町五丁目の煙草座〔慶安二年―一六四九〕、茶町扇ノ丁の鍋釜椀座〔延宝六年―一六七八〕、大町一丁目の蠟燭《ろうそく》座〔同前〕、同じく鈷《ひのし》座、八日町の塩座、通町の青物座などがある。↓（秋）

【質屋　しちや】

久保田では延宝二年（一六七四）、能代では同七年に正式に株仲間が公認されているが、都市部・在町・農村全般にそれ以前より広く存在していた。通常の質取行為のほかに、失せ物や盗品の探索の役割をもっていた。低額の融資を行う庶民金融としても重要な役割をはたした。株仲間発足当時、久保田で五七軒、能代で二三軒であった。

【借家人　しゃくやにん】

一戸を形成しているが、他の所有になる家を住居としている者。屋敷持である本町人《ほんちょうにん》に比して経済的弱者であることが多いが、そうでない場合もある。

【宿老　しゅくろう】
能代にみられる町役人名で、久保田にはない。員数は五名。能代は複数の町が互助機能を目的として、五つの組を作っていたが、宿老はそれぞれの町組を代表する役であったと思われる。

【庄屋　しょうや】
町を管轄する責任者。久保田の場合、大町一～三丁目、および茶町三町にはそれぞれ各一名ずつ置かれ、他の町は全体として六名の庄屋が置かれ、その管轄区域を扱《あつかい》と呼んだ。能代の場合は、一郷全体に二名の配置であった。

た

【町代　ちょうだい】
「丁代」とも記す。通達の触れ、町内の事務処理、諸事の記録などを主な職務とした。

【調達金・銀　ちょうたつきん・ぎん】
藩が臨時に賦課するもの。藩財政の困窮が顕在化する一八世紀後半以降に頻出する。特定の豪商や富農に対して出される場合と、町や村全体に対して出されるものとがあった。ただし、これは藩の恣意的な要求であるから、多くの場合目標の額を達成することができなかった。

【辻売　つじうり】
路上に簡易な店舗を仮にかまえて商いをする

行為。移動を原則とする振売《ふりうり》と異なり、家督制度に違反する行為として禁止され、取り締りの対象となった。

【同心】

寛永二〇年（一六四三）、それまでの町代官にかわって物頭《ものがしら》から二名が町奉行に任命されたことにともなって、その配下の足軽六〇名が町中を見回ることになった。これが後の同心である。その後、延宝二年（一六七四）に四〇名に減じられ、町奉行直属となった。↓（秋）

【統人　とうにん】

久保田外町《とまち》の鎮守社である八橋山王社《やばせさんのうしゃ》の祭礼の一切をつかさどる役をあてられた町人。外町《とまち》の富裕の商人が選ばれた。久保田には「神官仲間」と呼ばれる仲間組織があり、この中の、まだ統人を勤めていない者から統人が選ばれた。これに選ばれると、およそ三年間の神事に関わることになり、その経済的負担はきわめて大きく、そのために身代を失う者もあったが、久保田町人にとっては最大級の名誉であった。藩は、統人にあたった商人の沖出《おきだし》無役を認めていたが、寛政十二年（一八〇〇）からは祭礼頭取《かしらどり》の名称に改め、銀三〇〇目を出銀するものとした。↓

（秋）

な

【長屋人　ながやにん】

本町人が住まいする住居の裏に設営された長屋に居住する者。低所得者層が多かった。

は

【浜小屋　はまごや】

久保田外町《とまち》の川端一丁目から川口町にいたる旭川《あさひかわ》沿岸部分は、「浜」とよばれる荷上場《にあげば》であったが、そこには、舟運によって運ばれてくる年貢米や商米をはじめとする諸物資を保管する商人の蔵が多数建てられていて、これを浜小屋と称した。↓（秋）

【浜役銀　はまやくぎん】

浜小屋に対し、浜地利用料として役銀が課せられ、これを浜銀といった。↓（秋）

【番所　ばんしょ】

外町《とまち》の町境には町門が設けられ、番所がおかれて、番太郎が警備にあたった。

【振売　ふりうり】

てんびん棹に商品をつけて移動し、商売をする者。またその行為。藩より許可を得て鑑札《かんさつ》をもらい、家督町から商品を仕入れて商いをした。寛文十二年（一六七二）、藩は、豆腐・いこ・ところてん・生こんにゃく・なっとうなど、安価で食生活に欠かせない物の振売を無役とした。

ま

【町代官　まちだいかん】

久保田における町奉行の前身的役職。「梅津政景日記」の寛永七年八月の記事に、佐竹義宣《よしのぶ》が、小場宣忠《おばのりただ》と梅津政景《うめづまさかげ》の二人を町代官に任命したという記事がみえる。↓（秋）

【町人足　まちにんそく】
伝馬役《てんまやく》（※）を務めた大町三丁と茶町三丁を除いた惣町に課せられた公役《くやく》。宝永三年（一七〇六）、一か年に三万人と定められ、超過が必要な場合は、日用《ひよう》として一人につき銀七分五厘ずつ藩から支給された。城下の掃除、雪よせ、堀浚《さら》い、上使《じょうし》廻国の番人足などとして使役された。↓（秋）

【町触　まちぶれ】
藩が領内に公布した法令。いわゆる都市に対象を限定したものではなく、内容は、行政・農村・流通など多方面におよぶ。公布のさい、武家町から一丁役《いっちょうやく》を一名ずつ御用所に呼び出し、伝達したことからこのような呼称として定着したものと思われる。各町に持ち帰られた法令は廻文として各家に伝達された。また、町人や農村に対しては、町奉行（※）や郡奉行《こおりぶぎょう》（※）から改めて布達された。

【湊駆番　みなとかけばん】
土崎湊の火災に際して、久保田外町の火消が土崎湊に駆けつけるもの。消火には間に合わないが、後片付けの人足とされた。↓（秋）

や

【寄人　よりにん】
正しくはどう読むかは不明。これは明らかに経済的弱者で、一戸前の家族に寄食している存在。人別帳では、同居している家族の員数に含まれて記載される。

ら

【らく町　らくまち】

「梅津政景日記」、「岡本元朝日記」に見える。のちの「穢多町」をさすものと思われるが、「元朝日記」に見えるということは、元禄期においても「穢多町」の呼称が定着していなかったことを示唆している。同町の呼称が、行政支配の側面から移入されたものであることを示している。

コラム④ 能代柳町の女性たち

江戸時代における秋田の生活風俗や年中行事をまとめた『風俗問状答《ふうぞくといじょうこたえ》』に、能代の「傾城しらべ」という項目がある。三月三日、雛祭《ひなまつり》の日に能代の住吉社《すみよししゃ》で行われる行事である。「傾城《けいせい》」とは遊女の事で、この日庄屋《しょうや》や各町の宿老《しゅくろう》・丁代《ちょうだい》などが集まり酒宴を催すのであるが、柳町《やなぎまち》の芸妓《げいぎ》たち全員が呼ばれ、その芸を披露するのだという。能代柳町の遊女たちは、他国からやってくる船乗りたちを客とする関係から、冬場はその営業を停止されていた。彼女たちにとって、この日が新たな年の始まりなのであった。

湊町には、こうした女性たちがいたが、とりわけ能代の柳町は評判であったらしく、他国からの旅人たちは、例外なく柳町のことにふれている。たとえば、天保年間に江戸から興行に来た落語家船遊亭扇橋《せんゆうていせんきょう》は、その旅行記「奥のしおり」のなかで、「このところ（能代）に、柳町といって遊女屋が八軒ほどある。丸万八郎兵衛という者のところは、三階造りである」と述べている。また、慶応元年（一八六五）に、仕事で秋田を訪れた大坂館入《たちいり》の支配人は、その旅行記「出羽の道わけ」のなかで、「柳町の遊女屋は、南側が二階建てで、朱塗りの高欄《こうらん》をしつらえた、唐風のみごとな造りである」としている。彼は、案内の者と鶴屋という店に入り、喜代川・染川・若浦・なつ・七ノ浦・おその・おさまという芸妓たちの接待をうけている。翌日日和山《ひよりやま》に登ると柳町がよく見え、とくに「布袋屋《ほていや》兵右衛門の座敷廻りが一望される。庭の中に橋があり、天井は硝子《がらす》ばりで、塗り柱などが見える」と記している。また、鶴屋でも、庭には築山《つきやま》が築かれ、石灯籠《いしどうろう》などがあって、彼はそれを図面に書き残している。

勘定奉行で、能代奉行も兼任し何度か能代を訪れた介川東馬は、住吉社の長床《ながとこ》で、庄屋や問屋たちの接待をうけているが、その際はかならず柳町から芸妓たちがよばれている。文政六年（一八二三）四月には、夕方から住吉社招かれ、拝殿での御囃子《おはやし》のあと、長床で酒宴となった。そのとき、「例により柳町の遊妓とも一統参り候、そのうち六七人残り候て酌などいたし候」とあり、翌年六月にも同様の記述がある（「介川東馬日記」）。なお、文政七年のキリシタン調によると、四二人が「旅人女」とされ、「これは柳町の買女ナリ」としているから、柳町の芸妓たちの多くは、口減らしのために領内の他地域から集まったものたちであることがわかる。

遊女屋仲間掟《なかまおきて》によると、一〇項目の規定があるが、そのなかに「能代奉行が住吉社にお出でになるという連絡があったら、ただちに遊女たちを派遣すること」という規定があるから、上記の介川の日記の記事は、そのことに対応している。

ただし、彼女たちの自由な往来は禁止されていた。ただ、出航する船乗りたちを見送るために、清助町《せいすけまち》を通ることだけが許された。それすらも許可が出たのは、文化七年（一八一〇）のことであった。

コラム⑤ 大奥も注目した春慶塗

能代春慶塗は、近世秋田の職人が生んだ、工芸品の代表である。何度も大坂詰を経験した勘定奉行の介川東馬は、大坂出張のたびに、藩と関係のあった商人たちに土産品を贈っているが、なかでも春慶塗は欠かせないものだった。また、藩の江戸屋敷からの注文はもとより、幕府の重臣や、他の大名からの注文もあった。なかでも、介川の日記の文政十一年(一八二八)六月二十日の記述は、大奥から依頼があったことに触れていて興味深い。

斎殿から御内書をもって、公儀大奥女中から、ごく内々の注文ということで、能代春慶の櫛《くし》五枚、笄《こうがい》二本を、できるだけ早く作ってほしいという依頼があったので、吟味役の山方源吾に申し伝えた。この女中は水野出羽守殿がごく内密に(大奥に)入れられた方で、たいへんな才女とのことである。この節はもっぱら堀田侯や若年寄の事をとりはからっておられるようなので、その方のお力をおかりすれば、(公義にお願いしている)鋳銭のことにもプラスになるかもしれない、と仰せられた。

文中の斎殿とは秋田藩家老斎《いつき》(定綱《さだつな》)で、当時江戸詰であった。また水野出羽守《みずのでわのかみ》は老中水野忠成《ただあきら》、堀田侯とあるのは若年寄の堀田正敦《ほったまさあつ》のことだろう。「鋳せん」とは、当時領内は慢性的な銭不足だったために、再三鋳銭の許可を幕府に願い出ていたが、なかなか許可がおりなかったことをさしている。この記事は、能代春慶が大奥の女性が所望するほどの人気工芸品であったことを物語るものとして興味深い。

文化十三年（一八一六）、藩は、大坂蔵元である鴻池新十郎《こうのいけしんじゅうろう》と塩屋孫左衛門《しおやまごさえもん》に、能代春慶の「冠台」を贈っている。「冠台」とは冠《かむり》棚《だな》のことで、主に公家が用いた高級な調度品である。冠棚とは、本来座敷ではなく休息所に置くもので、冠や烏帽子《えぼし》などを載せ、下の棚には扇子や懐中の品を載せておくものだという。しかし、近頃は座敷や床の間に置くことが増え、上の棚には色紙や短冊、下の棚には硯箱などを載せたりしているという。

京都の堂上家《どうがみけ》の情報によると、この仕様《しよう》は小堀遠州《こぼりえんしゅう》が仙洞御所《せんとうごしょ》に献上したものと同形であるということであった（ただし、それは春慶ではない）。また、「棚の足ニ扇の地紙日ノ丸これあり候」とあるから、佐竹氏の紋を蒔絵にしてあしらった作りだったと推測される。冠棚は、能代の職人も作ることがなかったらしく、その仕様と用い方を事前に京都の有職《ゆうそく》家である堂上家に問い合わせたのであった。右の内容はその報告である。

このような事例にふれると、能代春慶は、藩の政治や経済を、陰で支える役割をはたしていたと思えてくる。

4 鉱山

あ

【阿仁銅山　あにどうざん】

小沢《おざわ》鉱山のほか十数か所の鉱山からなる。佐竹氏移封《いほう》以前は金山として利用されていたと伝承され、移封後藩が役人を派遣して管理にあたったがやがて金山は衰微したという。その後寛文十年（一六七〇）、大坂町人北国屋《ほっこくや》吉右衛門が開発にあたり、それより請山《うけやま》（※）として経営された。長崎御用銅の制度化により、藩は元禄九年（一六九六）に小沢鉱山の直山《じきやま》（※）化（藩直営）を決定。しかしその翌年には請山にもどし、北国屋にかわって大坂屋久左衛門の請負となった。この間、山勢は拡大し、それをうけて同十五年にふたたび直山となった。正徳年間（一七一一－一五）から山勢が衰退し始めるが、享保元年（一七一六）、幕府により、秋田藩の長崎廻銅高が一七〇万斤《きん》と決定される。これが藩の負担を極度に増し、阿仁銅山上知問題に発展することになる。明和二年（一七六五）、岩屋新助・見上《みかみ》新左衛門ら領内山師の請山《うけやま》とし、振興をはかった。

【阿仁銅山上知令　あにどうざんじょうちれい】

明和元年（一七六四）、秋田銅の減産を理由に、阿仁銅山およびその麓村一万石余を含む一帯を幕府領とするという幕府令。田沼意次《たぬまおきつぐ》らの斡旋をたのんだ藩のねばり強い交渉と抵抗が功を奏し、撤回された。

【荒銅　あらどう】
粗銅とも書く。精製していない銅。精錬したままで夾雑物をふくんでいる銅。銅鉱石から純度九〇％の荒銅にするまでの工程が現地の鉱山で行われた。荒銅に対し、精錬した銅を吹《ふき》銅といった。長崎御用銅（※）は、この荒銅が大坂へ運ばれ、大坂で棹《さお》銅に仕上げられて長崎に回漕された。

【石カラミ　いしからみ】
坑外の小屋で、原鉱石を砕石《さいせき》・選鉱《せんこう》すること。

【院内銀山　いんないぎんざん】
雄勝郡上院内村西の山中に位置する。藩政初期に発見・開発され、石見《いわみ》銀山（島根県）・生野《いくの》銀山（兵庫県）と肩を並べる国内有数の銀山。最盛期は発見直後の慶長年間で、近世中期まで直山《じきやま》（※）支配が続いたが、享保十年（一七二五）、初めて請山《うけやま》（※）となった。以後、直山と請山をくりかえす。山師（※）も複数交代している。寛政十二年（一八〇〇）の段階では、請山運上銀は、灰吹銀《はいふきぎん》（※）で一か年二貫七〇〇目であった。坑道が奥まったことから一時期山勢が衰退したが、文化十三年（一八一六）より直山となり、天保年間（一八三〇－四三）には年間産銀高一〇〇〇貫目を突破している。天保四年の郷山の人口は、二三一四人であったが、こうした存在は、領内の局地的な市場といってよく、飯米用の米と精錬用の鉛は藩の専売とされていた。

【請山　うけやま】

一定の運上銀をとって、その経営を山師に任せた鉱山。

【請山仕法　うけやましほう】

請負山仕法。明和二年（一七六五）、従来の藩直営を見直し、阿仁銅山（※）・赤沢銅山の経営を、見上《みかみ》新左衛門・伊多波《いたば》武助《ぶすけ》ら五人の領内商人に請負わせることにした政策。しかし、出銅の員数や鉱山内の飯米の直段などは藩が決定し、その専売方式は維持された。しかしこの方式は、二年後の明和四年に直営にもどされた。

【大葛金山　おおくぞきんざん】

秋田郡南比内大葛村に位置する。佐竹氏の出羽移封以前より鉱山として活動。移封以後数度検使を派遣する。寛永年間（一六二四－四二）には銅山としても注目され、元禄期（一六八八－一七〇三）の初めより請山（※）となるが、元文元年（一七三六）より直山（※）となる。その後請山・直山が入れ替わるが、安永八年（一七七九）請山となり、天明二年（一七八二）より、一年金一〇両の運上金を上納。「御直山格請山」とされる。文政元年（一八一八）より吹金は藩の御買上となる。元治元年（一八六四）の家数・人数の書上げによると、家数四八軒、総人数三一六人。その内永住とされているのは二八六人で、鉱夫（五五人）、留大工堀子（三二人）、中間（九人）、家大工鍛冶桶屋（八人）、金場稼女（五七人）などが含まれている。↓比

【大水抜　おおみずぬき】

坑内からの排水工事。

【岡回　おかまわり】

坑外雑役夫。

【小沢鉱山　おざわこうざん】

阿仁銅山開発の起点となった鉱山。一部伝承ではあるが、阿仁の材木伐出《きりだ》しの関連で鉱床《こうしょう》が発見され、金掘《かなほり》大工その他の労働者が、紀州《きしゅう》熊野《くまの》銅山から移住して、採掘・吹立を開始したのが始まりという。藩は、秋田で茶船宿を営んでいた北国屋の手代高岡八右衛門の採鉱願いをうけてその経営を任せ、運上銀の取り立てによって収益を計ろうとした。

【御手当山　おてあてやま】

長崎御手当金（※）の対象となった銅山。

か

【加護山製錬所　かごやませいれんしょ】

安永四年（一七七五）、米代川《よねしろがわ》と藤琴川《ふじことがわ》の合流地点に位置する加護山に造られた製錬所。阿仁《あに》鉱山（※）の銅、太良《だいら》鉱山の鉛、燃料の材として米代川《よねしろがわ》流域の森林を控えた格好の地であった。大坂から銅吹屋《どうふきや》であった大坂屋久左衛門の手代を招いて銀絞法《ぎんしぼりほう》（※）を導入し、藩内での精錬が可能となった。→（能）

【加護山銭　かごやません】

文久年間（一八六一－六三）から明治初年にかけて加護山で鋳造された貨幣。そのうち、文久二年から元治元年（一八六二）にかけて鋳造された銅山至宝《どうざんしほう》や秋田波銭《あきたなみせん》は、銅山だけで通用する貨幣であった。また、文久三年から慶応三年（一八六七）にかけて造られた八卦銭《はっけせん》は、藩内で通用する貨幣として鋳造された。慶応末年にこれらの貨幣の使用は禁止された。↓（能）

【金名子　かなこ】
寸甫《すんぽ》（※）・金堀《かなほり》大工・堀子その他の雑役夫を従える小採掘者集団の長。

【金場女　かなばおんな】
選鉱《せんこう》婦。

【金焼　かねやき】
選鉱《せんこう》された粉状の原鉱石を、焼釜で薪と交互に積み、敷き重ねて焼くこと。また、その役割をはたす者。

【鍰　からみ】
鉱石を溶かして精練するときに生ずるかす。

【銀絞　ぎんしぼり】
銅に含まれている銀を分離すること。安永二年（一七七三）、江戸から平賀源内《ひらかげんない》と吉田利兵衛がその方法を伝授するために招かれたが、その方法は古く、その翌年大坂吹屋《ふきや》大坂屋の手代である松井善右衛門が南蛮絞法を加護山に伝えて、棹銅《さおどう》までの全工程を行うことが可能となった。その工程は以下のとおり。↓（能）

合吹（**あわせぶき**）
銀を含む荒銅《あらどう》を木炭で溶かし、溶けたら鉛を加えて溶解混合し、表面に浮かぶ鍰《からみ》や滓《さい》を掻き出し、銅と鉛の合金を取り出す。

南蛮吹（**なんばんぶき**）
絞り吹きともいい、合吹で得られた含鉛銅

を、鉛の融解点以上の温度で熱し、銀を含んだ鉛を絞り出し銅と分離させる。

灰吹（はいふき）↓灰吹法

さ

【地売銅　じうりどう】
輸出用の銅に対し、国内販売向けの銅をいう。秋田藩では、産銅の七割が長崎御用銅（※）に、残り三割が地売銅とされた。しかし、藩による自由販売が認められていたわけでなく、銅座の統制をうけた。

【鋪　しき】
坑道。間歩《まぶ》（※）と混用されるが、本来鋪は、間歩からさらに支坑道（横番）・枝坑道（孫番）に分かれて稼業する小鉱区をさす。

【鋪内稼ぎ　しきないかせぎ】
坑内労働。これに対して抗外労働を岡働《おかばたら》きという。

【直山　じきやま】
藩直営になる鉱山。

【十歩一役　じゅうぶいちやく】
鉱山内に売り物として移入される商品にかけられる役。鉱山の出入り口には十歩一番所が置かれた。

【寸甫　すんぽ】
普請のさい、坑内で指図する役。

【諍山　せりやま】

請山《うけやま》（※）の方法のひとつ。それぞれの鋪《しき》（※）について日数を限って、山師に運上の諍を行わせ、その入札値の高い山師に採掘を請負わせる方法。

た

【床屋　とこや】
灰吹法《はいふきほう》を用いる冶金《やきん》技術者。

【渡世切羽　とせいきりは】
それ以上良好な産出を見込めないと判断され、金名子に自由採掘を認めた悪鉱床の切羽。切羽は、坑道の先端。↓比

な

【直り　なおり】
一度衰退した鉱山が、ふたたび生産高を盛り返した状態。天保期（一八三〇－四三）の院内銀山などがその典型。

【長崎御手当金　ながさきおてあてきん】
長崎御用銅（※）の買上げ直段は幕府が一方的に決定したが、藩が求めた売渡し直段との差額を、金一万両の貸金として藩に渡す方式をとった。この貸金を長崎御手当金という。ちなみに享保十八年（一七三三）の幕府による銅の買上直段は、一〇〇斤《きん》＝九八匁であった。

【長崎御用銅　ながさきごようどう】

幕府が長崎貿易のために廻送させた輸出用の銅。大坂に集荷され、荒銅《あらどう》から輸出用の棹銅《さおどう》に鋳造された。享保元年（一七一六）、秋田藩に対して、毎年一七〇〇万斤の廻銅命令が出された。同六年、一四〇〇万斤に引き下げられた。さらに寛政六年（一七九四）には、南部・別子《べっし》とともに六〇〇万斤に引き下げられ、幕末までその高が保たれた。

【抜石　ぬけいし】
密売などを目的として鉱石を鉱山から無断持ち出しする行為。

は

【灰吹銀　はいふきぎん】
灰吹法によって精錬された銀。山吹銀とも。元禄頃まで貨幣的取り扱いを受けていたが、本来は銀の地金《じがね》で、貨幣の素材として扱われた。

【灰吹法　はいふきほう】
粉砕した銀鉱石を鉛とともに溶解して貴鉛をつくり、それを灰を敷いた炉で溶かして鉛を灰に吸収させ、あとに残る銀を得る精錬方法。

【鉑　はく】
銅鉱石。

【初吹　はつふき】
院内銀山で、一月二日に行われた吹初めの行事。銀製錬場の床屋《とこや》で毎年行われた。高品質の鉱石が製錬され、その年の出銀高の増大を祈願した。

【火入れ　ひいれ】
岩盤がかたいため掘削《くっさく》が容易でない場合は、炭などを使って岩盤をいったん焼いて冷却し、もろくしてから採掘した。阿仁銅山では、炭を使ったことが知られている。

【掘子　ほりこ】
鉑《はく》とズリ（廃石）を坑外に運搬すること、あるいはその人夫。

【掘大工　ほりだいく】
採掘夫。

【掘分山　ほりわけやま】
山師《やまし》（※）がそれぞれの鋪《しき》（※）について、その鋪より出た原鉱の代銀を藩と折半する方法。

【本番役　ほんばんやく】
鉱山の事務を担当する部署で、本番役手代以下が配置された。大葛《おおくぞ》金山では、出納・経理を含めた庶務・会計などの総務的な仕事を取り扱った。

ま

【町頭　まちがしら】
鉱山住民組織の町役の長。諸鉱山で確認できるが詳細は不明。掘大工などの金掘りの鉱山側への訴訟は町頭を通じて出され、また町頭には鉱山側から扶持が支給されるなど、住民支配の末端に位置する性格をもった。

【間歩　まぶ】
鉱石を取るために掘った横穴。坑道。

や

【山色上　やまいろあげ】

院内銀山で、一月四日に行われた行事。一月三日までが仕事休みで、四日が仕事初めであった。高品質の鉱石の出鉱増大を祈願した。

【山師　やまし】

初期には採鉱から採鉱までを行う者をいったが、やがて採鉱から精錬までを請負う者をさすようになった。山師は、金名子《かなこ》（※）を支配し、それに資金や資材を提供して採掘させた。

【山法　やまほう】

鉱山社会の生産や生活を規定した法で、制札《せいさつ》として出された。公儀（幕府・藩）の法を遵守することと、喧嘩・口論・博奕《ばくえき》の禁止、届出のない採掘や鉱石密売の禁止、無断欠勤の禁止、勧進《かんじん》や乞食《こつじき》などの入山禁止など、禁止事項は多い。違反者に対しては、耳・鼻・片小鬢《こびん》を削って鉱山から追放というように体罰刑を加えた追放がなされた。採掘道具の盗みに対しては、アキレス腱を切断して片小鬢を削って追放するとされ、他鉱山での雇用のみならず、歩行できない状態での追放を規定している。

コラム⑥ 文化八年、阿仁銅山点描

文化八年（一八一一）年の春、下筋《しもすじ》の山林の巡見に出た介川東馬は、三月六日、阿仁銅山の小沢銅山を訪れた。その時の印象を、介川は「山々惣てけわしくそひへ、雪も所々残りあり、絶壁断崖の中辺へかけ作の家多し、燕の梁に巣くいたるに似たり」と記している。急斜面に家々が点在する様子が手に取るようにわかる。

小沢は阿仁銅山において中心的な位置を占めた鉱山《やま》で、介川も「此鋪《しき》当山随一ニて弐拾年以来連綿《れんめん》の直《なお》り候よし、かく続《つづき》候ハめつらしき事なりといふ」と記している。「直り」とは、一時衰えた山勢が持ち直して繁昌することをいう。介川の記事によると、文化四年の産出銅高が、阿仁銅山全体で六一〇四箇であったものが、年を追うごとに増加し、この年は一万七七〇〇箇であったという。「右ハ御普請なされ候為なりといふ」とあるから、坑道をさらに奥へ進めるための普請が行われた結果なのであろう。小沢銅山だけで、八九〇〇箇の産出高であった。しかし、元禄年間には、小沢銅山だけで二万箇、惣山で三万四〜五〇〇〇箇の産出高だったというから、阿仁銅山が突出した鉱脈をもった銅山だったことがわかる。

介川が訪れた段階で、小沢銅山の鋪《しき》数は、稼働していない二七鋪を含めて八一であった。一日の産出銅は一五〜六箇であるという。同じ山中にある真木沢《まきさわ》鉱山では、敷数は百余と多いが、実際に稼働している鋪は四八であり、一日の産出高も八箇と、小沢の半分である。

労働者の数は、小沢の九九五人に対し、真木沢がおよそ八〇〇人というから、鉱山の規模としてはほぼ同等である。

翌日、介川はこの真木沢銅山を訪れ、「金堀り一日のはたらき凡《およそ》竪六尺横四尺を十二わり一ツを深サ三寸堀なり」と書いている。つまり、金堀《かなほり》一日の労働は、タテ六尺（約一八〇cm）、ヨコ四尺（約一二〇cm）ほどのところを一〇に分けて、その一つひとつを深さ三寸（約一〇cm弱）に掘ること、というのである。狭く暗い坑道の中で、達成度の感じとれない、気の遠くなるような作業である。

また介川は、ここで金場女《かなばおんな》たちが、鉑《はく》を洗いながら歌う唄を記している。

△ 小沢汰場《よなば》は長崎湊出舟入舟人たへす
△ さよの中山無間の鐘よ小沢中山銅り出る
△ 飲や大黒唄やゑひす出て釣とれおかの神もなし
△ 酒を呑んても呵《しか》るな親ち下戸《げこ》の建たる蔵
△ 君は金鍔《きんつば》しんくの下け緒しとゝ目に付く我思ひ
△ 愛宕山から吹来る風は御山繁昌と吹おろす
△ 西は台所東は床屋いつもとんとゝ鳴かよい

これは「おざさ節」といって、小笹門兵衛という男の女房が作った唄だという。全部で十五番までの歌詞があるのだが、すべて繁盛を言祝《ことほ》ぐ文句である。以前、阿仁を訪れた九代藩主義和は、この唄に興味を示し、歌詞をすべて書いて差し出すよう所望したという。

5　林政

あ

【青木　あおき】
針葉樹。

【石持　いしもち】
屋根石を支える横木。

【徒伐　いたずらぎり】
伐採が禁止された山から、木材や薪《たきぎ》を伐り出す行為。材木の切り出しだけではなく、杉や桧の青木の皮を剝ぐというような行為を含む。

【入付　いりつけ】
材木の伐採・搬出の計画、その見積りを出すこと。

【末木　うらき】
「すえき」とも。樹木の枝葉に近い方で、細くて木質がよくないため山中に伐り捨てる習慣があった。

【大肝煎　おおきもいり】
山守《やまもり》を統括した有力農民。斉藤《さいとう》氏・中山《なかやま》氏・奈良岡《ならおか》氏・杉淵《すぎぶち》氏の四家があり、それぞれ、北比内《ひない》・南比内・大阿仁《おおあに》・小阿仁《こあに》を担当した。

【御材木郷　おざいもくごう】

米代川《よねしろがわ》流域。杉の美林地帯であったためこのようによばれた。南比内《みなみひない》・北比内・大阿仁《おおあに》・小《こ》阿仁《あに》・檜山《ひやま》郷の五地域に分かれる。能代《のしろ》奉行（※）が支配し、各御材木郷には大肝煎《おおきもいり》（※）がいて各村々を統括した。→（能）

【御材木場　おざいもくば】

木山方（※）に直属する機関で、角館《かくのだて》・湯沢《ゆざわ》・横手《よこて》・久保田《くぼた》・檜山《ひやま》・大館《おおだて》におかれた。小羽《こば》・材木の販売所で、地域住民の木材需要をみたすとともに、徒伐《いたずらぎり》（※）や青木（※）の皮剥を抑える目的をもっていた。→（能）

【御救山　おすくいやま】

「御救山」と称して、困窮した村人たちに藩営林などの山林を特別に与える制度。

【御留山　おとめやま】

藩が、有用樹種、とくに針葉樹を独占する必要から、針葉樹の林相の良い山林を指定して伐採を禁止した山。禁伐の対象となったのは、主に青木と呼ばれる杉・桧や松のほか、漆・桐・栗などもあった。時代が下るにしたがって、欅《けやき》・桂《かつら》・槻《つき》などが加えられていった。

【御札山　おふだやま】

森林の育成をはかるため、藩が制札を交付して樹木の伐採を禁止した山。

【御山師　おやまし】

木山方（※）の指示を受けながら、藩営林における杣出《そまだ》しを統括した町人。藩営林における杣出しを入札で請負った村々の「山師」とは区別される。

【御山守　おやまもり】
木山方《きやま》の末端に位置づく役職で、山主《やまぬし》を意味する山守《やまもり》と区別するため「御山守」と呼ばれた。近郷近在に声望のある上層農民から選ばれ、奉行－吟味役－林取立役－その属僚と連なる職階制の末端に位置づけられ、随時廻山し、山林の監守にあたった。苗字・帯刀を許された。↓(能)

か

【片付山　かたづけやま】
掛山《かかりやま》とも。銅山で使用する薪炭の採取に指定された山というように、特定の目的で伐採を認められた山。

【木本米　きもとまい】
樹木の伐採作業にあたった杣取《そまどり》の労働に対して支払われた米。当初は御材木郷とされた阿仁《あに》・比内《ひない》・檜山《ひやま》郷約一〇〇か村から上納させ、材木の伐出《きりだし》を命じられた村々に支給された。

【木本米訴訟　きもとまいそしょう】
木本米の増額を求める農民の訴訟。木本米の支払いのさい、藩は通常の米価より高く算定したため、木本米で労働賃金を受け取る農民は不満をもった。

【木宿　きやど】
材木郷の村々から材木を流し下した時に、能代を訪れた材木郷の肝煎たちや木材売買の商人が宿泊した宿。直接木材取引にかかわることはできなかった。

【榑木　くれき】
丸太をタテにミカン割にした材木。

【極印役　ごくいんやく】
材木に秋田藩の材木であることを証明する焼印を押す役。下代《しただい》の務めであった。

【挊人　こにん】
隣領との境の村に置かれた境目奉行の下役。近村の農民から選抜され、通行人や荷駄の取調、林の状態などを取り締まった。宝永二年（一七〇五）から制度化され、藩境の村々すべてに設置され、藩から扶持米を支給された。巡廻に際しては帯刀を許された↓（太）（角）

【小羽　こば】
屋根や天井を葺《ふ》くのに用いられた板。厚小羽《こば》・薄小羽・小托《くれ》小羽・柾《まさ》小羽があった。薄小羽は、長さ三尺、幅三寸、厚さ六分くらいのもの。これより厚いものを厚小羽といった。托という文字は辞書にはないが、読みからすると「榑」からきているものか。

【木挽　こびき】
材木を鋸《のこぎり》を使って板などにすること。

さ

【砂防林　さぼうりん】
八森《はちもり》から沢目・能代を経て浅内・浜口にいたる地域は、正徳期（一七一一－一七一五）から砂留に着手し、寛政期（一七八九―一八〇〇）前後には防風林の設営が開始された。その中心となった者には肝煎が多く、数代にわたって行われた例もある。植栽したのは主にクロマツであるが、ぐみ・ハマナス・柳・ねむなども用いられた。能代市中でも近世中期から越後屋太郎左衛門・村井久右衛門などの豪商の手によって砂留普請が続けられてきたが、寛政期にはほぼ成就した。林役人で砂防林の植林で著名な人物として、加藤景林《かとうけいりん》・景琴《かげこと》父子と、栗田定之丞《くりたさだのじょう》がいる。加藤父子は、文政から天保にかけて能代町般若野《はんにゃの》に一一〇万本の松を植林し、栗田は、久保田近辺の飯島・新屋・勝平《かつひら》山の砂防林の設営に力をつくした。↓（能）

【直杣　じきそま】
山林を藩の直営とすること。藩営の杣取《そまどり》（※）。杣取ははじめ夫役《ぶやく》によっていたが、ついで木本米《きもとまい》を支給して村ごとに担当させる米支給方式になった。しかし、その負担に苦しむ農民の抵抗にあって、寛延三年（一七五〇）請負制となった。文化二年（一八〇五）の林政改革でこれを直杣制に改めた。

【下代　しただい】
久保田在住の能代《のしろ》奉行にかわって、米代川《よねしろがわ》川上地区の材木の管理・伐採搬出・沖出の事務にかかわった。下代は町人から抜擢され、苗字帯刀を許されたが本来武士身分ではなかった。一七世紀後半には一五名が確認できる。藩政後期には近進並に取り立てられ、武士身分として扱われた。↓（能）

【丈木　じょうぎ】

近世初期に使われる材木の種類を示す用語で、一丈程度の長さで輪切りにした材木。

【寸甫　すんぽ】

藩政中期以降の独特の造材法。丸太を数個に割ったもの。横断面は扇子を開いたような形になる。

【雑木　ぞうき】

落葉広葉樹。

【杣取　そまどり】

材木の伐採と運送。

た

【薪方　たきぎかた】

天和元年（一六八一）に設置。薪の需要と供給の問題の解決を図り、薪炭生産を直営とする目的でおかれた。薪炭の伐採にあたる山子《やまこ》は、村々から高割《たかわり》で出役《でやく》させるのが原則であった。藩は「本銭《もとせん》」と称する賃金を支給したが、伐採にあたる村は大きな負担を強いられた。

【薪伐山　たきぎきりやま】

煮炊きなどに用いる薪を採取するため、村々が藩から特別に利用を許可された藩営林。

【突出木　つきだしぎ】

一本の材木から保太木《ほだぎ》（※）をとって残った部分。

【銅山掛山　どうざんかかりやま】

銅山用の用材および薪炭材を供給するために

指定した山林。阿仁銅山を支配していた惣山奉行（銅山方）の支配下にあった。坑木などの諸材木を生産する「材木山」、焼木と呼ばれる薪を生産する「焼木山」、炭を生産する「炭木山」の三つに区分されていた。元文五年（一七四〇）、阿仁地方に設けられ、宝暦一二年（一七六二）に小猿部七日市《おさるべなのかいち》山が追加された。

な

【長木沢　ながきさわ】
現大館《おおだて》市茂内《しげない》、雪沢《ゆきさわ》一帯の山林地帯。杉の美林地帯で、盛岡藩との間に境界をめぐる紛争があったが、延宝五年（一六七七）に解決して秋田藩に編入された。文化十五年（一八一五）に成立した「秋田風土記」では「秋田領内第一のスギ山」とされ、ここから大量のスギが伐採され、能代湊は活況を呈したといわれる。↓（県）

は

【林帳　はやしちょう】
一村ごとに山林の字名《あざめい》・境界・樹木の種類・本数・所持者などを記した台帳。

【林役　はやしやく】
元禄十五年（一七〇二）設置。雄勝・平鹿・仙北の上筋三郡を管轄する。その職務は、山林を調査し、青木（※）や雑木（※）の大木を記録すること、山守《やまもり》の監督、藩の用材や薪の杣取（※）などであった。宝暦十一年（一七六一）の改革で、任免替えが行われ、藩役人六名のほか、在々給人より六名が選抜され、計十二名で木山を担当することになった。のち、林取立役と改称。

【番山繰　ばんやまぐり】
長期的な視点に立った伐採計画。山林が回復するまでの年数を三〇年と見積もった場合、その山林を三〇か所に分けて毎年均等に利用していけば、三〇年後には最初に伐採した場所で山林が回復し、再び利用できる計算になる。これを繰り返して山林の利用と回復のバランスを保とうとした制度。↓（能）

【平山　ひらやま】
御留山《おとめやま》（※）に比して林相が劣るため、農民に解放された山。しかし林相がよくなれば随時御留山に編入された。

【麓村　ふもとむら】
直山である青木山が所在する村をいう。麓村は、その青木山の監督・取締りにあたった。米代川流域と男鹿半島に分布する青木山は合計七四か村あり、その一つひとつに麓村が定められていた。通常は一か山に一か村であるが、なかには三～四か村という場合もあった。↓（能）

【分収割合　ぶんしゅうわりあい】
山林収入の官・民の取り分の割合。正徳年間（一七一一―一五）には五対五であったが、文化八年（一八一一）、植林を推進する目的から、三対七に変更された。

ま

【見継　みつぎ】
麓村（※）を用いて、その村の青木山の山林の監督、取締りにあたらせる制度。

【本木入　もときいり】

山林の伐採費用。本は元とも書き、元手の意。

【本米　もとまい】

本木入に同じ。米で支払った場合、本米という。

【山指紙　やまさしがみ】

農民に木の伐採を認める許可状。ただし恒久的なものではない。

コラム⑧ 山林を巡る

文化八年（一八一一）、当時財用奉行であった介川東馬は、この年の二月末から三月下旬にかけて、下筋の山林を巡見している。閏月《うるうづき》をはさんでいるから、およそ二ヶ月近くの巡見である。春先ではあるが、山中は気温が低く、かならずしも容易な仕事ではなかった。

宿は、大抵は近村の肝煎宅に泊まっているが、場合によっては、山中の、半壊した杣《そま》小屋《ごや》に泊まることもあった。

山林の視察はただの遊山《ゆさん》ではなく、かなり深く山中に分け入って、その林相《りんそう》を具体的に記録していくのである。

「母体山《もたいやま》へ移、山々杉立《すぎだち》至ってよし、三十年ばかり留置《とめおき》候よし、惣沢《そうさわ》ニて小羽《こば》七百万枚ばかりこれ有るべく御山守《おやまもり》申し候へども、千万枚もこれあるべきや」、「岩川山ハ去年迄杣入跡《そまいりあと》故細木なり」、「萱ノ沢・ソコへ沢へ今年杣入しかるべし」、「立テ木六百本ホト、七尺以下ニ候へトモ、当時ハ九尺回リモアリ」、「木立相応なり、拾五六年留りたるよし、小羽入る候にハ早し」、「木立疎《まばら》なり、沢も狭し、三尺廻り以下といふ、十四五年も過ぎざるに杣入なるまじ」、「いつれも木立至ってよし、長木沢《ながきさわ》第一の沢所といふ、立木一丈二尺回り以下百六十本余」、というような具合である。

出発して数日後、馬場野目《ばばのめ》村近くの小落沢という所で、山子たちが御留山の雑木を伐り出しているところに出合った。

山子三十人余、長根平通《ながねたいどおり》所々ニて木を伐その音丁々《ちょうちょう》として谷ニ響《ひびき》、山腹ニ路《みち》を作

り轌《そり》にて最寄《もより》沢上迄引出し、絶崖より直におし落す、各声をかけ、その勢いかめしきこと也、

莚をしいてこれを眺めていると、山子たちが柴を集めて火を焚き、酒を温めて勧めてくれる。ここで弁当を食べる。しかし弁当を持参した人足が遅れたために空腹を感じていると、山子たちが山神にあげた餅を二つほどくれたので、火にあぶって食べた。半ば黒く焼け焦げたところを手ではらって食べると、これが美味い。きっと腹が空いていたためであろう、と介川は書いている。

伐り出した雑木を、高所から川の流れに落とす場面が豪快で具体的であり、杣子たちとの交流も面白い。

次の日も馬場野目沢を分け入ったが、「余り草臥《くたびれ》たれハ山の平なる風の吹通らぬ所へ莚《むしろ》・けら・杉の葉など敷ていつれもしばし休息し、酒少し飲て又々さかしき峰通を登」ったが、雪がひどくなってきて寒風が応え、これ以上登っても遠見もできないと判断。結局「岩根なる窟の内江火をたき衣を添へて寒をしのぎ此にて昼飯をつかふ、酒など例のごとく銚子をなからのうりへかけてあたゝめいつれも飲て元気をまし、山守とも山歌などうたへて興しあへぬ」となった。

こうしてみると、始終酒を呑んでいるようである。山歩きをしていて、酒など飲んで大丈夫かとも思うが、山中の寒気はまだ厳しく、酒の力がなければ、二か月もの行程に堪えられない激務であったのだろう。そしてそれは、山中で働く山子たちも同様であった。

6 産業・流通・海運

あ

【相検役　あいけんやく】
「相見役」とも書く。川方元締役《かわかたもとじめやく》支配。八名の配置。各番所に詰めて商品の出入りの審査に立ち合い、出入勘定の算出と確認にあたった。八名のうち、戸賀《とが》・船川《ふなかわ》番所兼務が一名、能代詰めが一名である。

【青銭　あおぜに】
明和五年（一七六八）から発行された寛永通宝四文銭の通称。材質が真鍮なので青白く見えたことからこの呼び名がある。

【秋田黄八丈　あきたきはちじょう】
秋田領産の絹織物。海岸に自生するハマナスの根を染料とする秋田独特の草木染を特徴とする。上州の桐生《きりゅう》から招かれ染色指導を行った蓼沼甚平《たでぬまじんぺい》の考案による。

【秋田銭　あきたせん】
元文四年（一七三九）から十年間の期限づきで設置された鋳銭座《ちゅうせんざ》（※）で鋳造・発行された寛永通宝。銅七〇・九％、錫九・二％、鉛一九・九％の割合で、「永」の文字の終筆部分をはね

ている点が特徴。↓（秋）

【預　あずかり】
預札《あずかりふだ》・通用預《つうようあずかり》とも。銭札《ぜにさつ》として流通。本来貨幣として用いられる目的をもって作られたものではなかったが、本銭と兌換《だかん》する旨を記していたために、銭札として用いられるようになった。藩が公的にこれを発行したのは、諸上納役所においてであり、文化五年（一八〇八）に始まる。その後質屋仲間にもその発行を許した。しかし、民間でも私的に発行するものが増え、天保期（一八三〇―四三）になると市中に夥しい額の預が流通した。そのため正銭は隠匿され物価は高騰、金相場も高騰したが、少額の銭にかわるものとして流通し続けた。藩は、その整理に再三悩まされた。

【荒屋村運上役所　あらやむらうんじょうやくしょ】
天明三年（一七八八）設置。御物川《おものがわ》の流通物資への課税を目的として設置されたが、同七年から、御用聞町人の見上《みかみ》新右衛門の請負となり、川船一艘につき月役銭六〇文を徴収した。藩は年間一〇〇〇貫文の運上金を受け取り、残りは見上の収入となった。↓（秋）

【鵜飼　うかい】
江戸時代には角館《かくのだて》で行われていたことが確認できる。古くは延宝三年（一六七五）の「北家日記」にその記事がみられる。後年の同記録によれば、角館で飼われていた鵜は一二羽で、漁民のそれではなく、許可を得た組下給人《くみしたきゅうにん》によって行われていた。船を使わない徒行遣《かちづか》いで、通常は夏季の昼に行われた。

【浦手形　うらてがた】
浦証文とも。破船した場合に、遭難救助にあたった浦で作成された。遭難や救助の状況、行方不明となった積荷や、海水に浸かって濡れ荷となったものなど、また不正行為の有無などについて記した詳細な報告書で、浦役人や奉行所役人が奥書をして証明した書類。

【荏粕　えかす】
荏胡麻《えごま》の実から油を絞り取ったかす。肥料として用いられた。荏胡麻は灯油の原料。

【大坂俵　おおさかだわら】
藩が大坂への廻米（御登せ米）のために特注した米俵。俵のできが悪いと、欠米《かんまい》が多く出たり、湿気を含んだり、あるいは見た目で低い評価がなされて入札に悪影響がでたため、そのような配慮がなされたものと考えられる。この語句は、元禄期の家老であった岡本元朝《おかもとげんちょう》の日記に頻出する。天保十三年（一八四二）、藩は御登せ米の造俵の請負を二名の町人に命じ、御造俵検使にその審査をさせ、その厳密化を図った。三斗四升入の俵二〇俵分の提出を命じて米詰めの状態などを審査し、合格の場合はそれに準じて造俵させた。造俵が悪いと「大坂において容易ならざる御不益」が生じるからだとしている。

【沖船頭　おきせんどう】
船主に雇われた船頭。北前船《きたまえぶね》（※）などの積荷《つみに》船《ぶね》の場合、沖船頭は積荷の売買を委任されており、大きな権限と責任をもっていた。自分船の船頭は直《じき》船頭という。

【沖口役銀　おきのくちやくぎん】
沖口役所において、藩が交易品に課した役銀。出役銀は延宝元年（一六七三）から、入役銀は同四年から始められた。米の場合一石につき銀一匁であったが、元禄十三年（一七〇〇）に銀四匁に値上げされた。藩の財政難が顕著になった明和七年（一七七〇）には一七匁まで引き上げられたが、文化四年（一八〇七）に七匁に引き下げられている。→（秋）

【沖口役所　おきのくちやくしょ】
湊を出入する人と荷物を監察し、抜け荷などを防止するために置かれた役所。①土崎では、上酒田町《かみさかたまち》西側の本役所と、上番所・下番所・上新番所・中新番所があった。②能代では、町の最も西側に位置する清助町《せいすけまち》の西端に置かれていた。→（秋）

【御蔵宿　おくらやど】
秋田藩の米や材木・銅などを売った代金の収納、所経費などを取り仕切る業者。

【御登せ米　おのぼせまい】
史料上は「為御登米」と表記されることが多い。藩による大坂への廻米。給人米や商人米は入らない。大坂で売られ、藩の費用にあてられた。また、この御登せ米の存在が、大坂商人からの借財を可能とした。寛文十一年（一六七二）―元禄十三年（一七〇〇）頃は、およそ三万石。安永二年（一七七三）は、定例米三万六〇〇〇石、別米二万石となっている。天保期は三万石前後であるが、飢饉以降は廻米ができない年もあった。廻送時期は、収穫の翌年の三月から八月の夏季であった。これは、収穫直後は海運事情が悪くなるためで、西国米が収穫直後から大坂に送られたことと対照的である。

【御船宿　おふなやど】
秋田藩の直接雇った廻船の世話をする業者。

か

【廻船問屋　かいせんどんや】
入航する廻船の揚げ荷、積荷の売買や保管、またその斡旋《あっせん》の業務にかかわり、商人と船手《ふなて》が直接商売をすることは禁止されていた。問屋は、両者の間に介在して口銭《こうせん》を取り、その中から出入役銀を出入役所に納めた。訪れる廻船と問屋の関係は固定していて、次に入航したさいもその問屋の世話になるという慣行が全国的に成立していた。文政十一年（一八二八）の段階で、土崎では一二名とある。また、能代については文化六年（一八〇九）頃の段階で、八名が確認できる。

【囲　かこい】
何らかの事情で積荷の運送を一時中断しなければならない場合、滞留している荷物の盗難を防止したり、風雨の災難を免れる措置を講ずること。航海が困難と判断された土地で行われた。

【潟廻　かたまわり】
現能代《のしろ》市赤沼《あかぬま》付近から、浅内沼などの小沼地を利用して八郎潟《はちろうがた》に出、船越《ふなこし》から海上を土崎にいたる廻送ルート。元禄十五年（一七〇二）から開始されている。主に材木運送に用いられた。この開拓を行ったのは、能代商人の三輪《みわ》太郎右衛門で、三輪は自費によって長崎村（現能代市）

から大川村（南秋田郡）までの間に、途中沼地などを利用して水路を切り開いた。↓（能）

【合船　がっせん】
あわせぶねとも。船を造ること。造船。（角）

【樺細工　かばざいく】
角館《かくのだて》の特産工芸品。その創始については天明年間（一七八一－一八八）、北家家中の士によると伝えるが、詳細は不明。しかし、「北家日記」の文化二年（一八〇五）四月十二日の記事に、江戸の鳥越《とりごえ》家から樺細工について所望があったことがみえ、また同日記の同十一年三月二十二日の条には、九代藩主義和から、「霜降椛ニて五段組の御印籠」を所望されたという記事がみえるから、少なくともこの頃には領内において知られる工芸品となっていたことがわかる。↓

【川方元締役　かわかたもとじめやく】
文化二年（一八〇五）の改革で設置。それまで商人が勤めていた川方支配人にかわって置かれた。定員は三名で、他に同見習役二名が置かれた。湊の出入関係を統括する役である。いずれも諸士である。五人の役割は、それぞれ湊出方担当（一）、入方担当（一）、銀方担当（一）、能代詰（二）である。

【川崎船　かわさきぶね】
沖漁に活躍した船で、金浦《このうら》がタラ漁を展開するためにこの船を越後《えちご》から招いたという記録もある。幕末、男鹿漁民の蝦夷地での追鱈《おいたら》漁《りょう》で活躍したのがこの川崎船であった考えられる。全長はおよそ一〇㍍《メートル》前後で、帆を用い、六人ほどの乗り組みが可能であった。

【川船番所　かわふねばんしょ】

御物川の左岸、豊岩石田坂村《とよいわいしだざか》に置かれた。川船の運航を監視し、課税した。

【北前船　きたまえぶね】

西廻航路《にしまわりこうろ》を利用して、大坂・瀬戸内を出発して日本海岸を北上し、蝦夷地に至った廻船。航海の途中、積荷を乗せたりあるいは売り払ったりしながら航海をした買積船《かいつみぶね》。蝦夷地ではその地の海産物を大量に積込み、上方に帰った。北前船の発生の時期は明確ではないが、一八世紀後半と考えられる。日本海岸を北上して蝦夷地に至った船すべてをさすものではなく、それまで北陸の問屋の支配下にあった荷所船《にどこぶね》とは明確に区別される。

【絹方　きぬかた】

文化十一年（一八一四）、絹方役所を設置、菅糸《すがいと》と織絹の国産化へむけての事業が進められるようになる。同十三年、久保田御用聞町人《ごようききちょうにん》の那波《なば》三郎右衛門（祐生《ゆうせい》）を絹方支配人に任じてその経営を委任した。さらに藩は、文政二年（一八一九）に絹方の所管を菅糸《すがいと》方と織絹方に分け、後者を那波に一任する方針をとった。那波は、国産（領内産）の絹織物の生産と、その織職人の育成をめざした。羽二重《はぶたえ》・竜紋《りゅうもん》・畝織《うねおり》などの製品を生み出したが、贈答用として用いられたものの、国益を実現する国産品に達するまでにはいたらなかった。

【絹方御用係　きぬかたごようがかり】

絹方の出先機関にあたる役職で、各郡で絹糸の購買にあたった。

【金札　きんさつ】

秋田藩では、二度発行にふみきっている。一度目は、天保十一年（一八二八）で、これは嘉永四年（一八五二）に停止している。二度目は、幕末の元治元年（一八六四）である。いずれも札元は、大坂の館入《たちいり》（※）で、前者は久々知屋《くくちや》吉兵衛、後者は、辰巳屋《たつみや》久左衛門と加嶋屋《かじまや》作兵衛である。ただし、前者については、執行の「被仰渡」はなく、目的ははっきりしない。ただ、いずれの場合も、大量に出回った預《あずかり》（※）のために物価・金相場が高騰したため、それを整理する目的があったことは間違いない。また、前者については、この金札の発行によって領内米を買い集めることも検討されている。

【蔵元（上方・江戸）　くらもと（かみがた・えど）】

諸大名の蔵屋敷の蔵米を含む蔵物《くらもの》の保管・販売を任された商人で、特に両替商などが多かった。彼らは大名貸しを行ったので、調達金銀（※）というかたちで藩財政を補完させることも多かった。秋田藩の大坂の蔵元は、宝暦－天明期（一七五一－八八）の頃は、長浜屋源左衛門・高岡吉右衛門、文化期（一八〇四－一七）以降は、鴻池新十郎・塩屋孫左衛門であった。

【蔵元（領内）　くらもと（りょうない）】

藩に直結するかたちでの蔵元という制度はないが、部署ごとに、経済的援助を求めるために蔵元を置いていた。たとえば、能代御用聞町人であった畠《はた》半六は、能代出入役所御蔵元・木山方（※）御蔵元・郡方御蔵元・白粉方《おしろい》（※）御蔵元などを兼任していた。彼らは、領内の都市商人や在方商人であったが、苗字帯刀御免・扶持米の支給などを給付されていた。このほか、御学館蔵元などの名称も確認できる。

【氷下漁　こおりしたりょう】

冬期間、八郎潟で実施された漁法。厚く張った氷に六尺四方の穴をあけ、そこから水中に網をいれて小魚を漁獲する。寛政六年(一七九四)、上肴町《かみさかなまち》町人高桑与四郎が諏訪湖《すわこ》から学んで伝えたといわれる。大久保村や今戸村などの東湖岸で急速に発展した。高桑は文化元年(一八〇四)に、網一統から銀一〇匁の役銀を取りたてることを藩に進言し、自分はその役銀の半分を与えられ、氷下漁の一切を担当するという特権を得て世襲することになったといわれる。

【極印銀　ごくいんぎん】

近世初期に秋田で流通・使用された銀貨幣。灰吹銀《はいふきぎん》(※)に、「窪田」・「横手」・「角館」などの極印を多数打ち、通用貨幣として証明したもの。幕府の元禄金銀の発行によって、その流通は禁止された。

【小宿　こやど】

それぞれの廻船の水主《かこ》(船頭以外の乗組員)に宿を提供することを生業としていたが、船手からの直買《じきが》い、および商人・仲買との直売《じきう》りは禁止され、廻船問屋(※)が管理する揚げ荷・積荷について、船手と商人・中買の間をとりもった。小宿も株仲間をつくっていたが、問屋の差配下におかれ、その許可がなければ勝手に株立《かぶだて》することはできなかった。土崎湊においては、文政十一年(一八二八)の段階で一八名、能代では文化六年(一八〇九)頃の段階で六名が確認できる。

さ

【指宿　さしやど】
旅館で、宿泊の客にその行先の旅館を名指しで紹介すること。とくに廻船では、停泊地の宿が次の停泊地の宿を紹介することが多く、固定客を確保した。

【敷銀　しきぎん】
藩の廻米を雇船に渡す際、その担保として船頭から藩に供出される銀。無事大坂に廻着すれば、敷銀と運賃を、秋田藩の蔵元から受け取ることができた。天保二年（一八三一）の事例では、一石につき銀四〇目であった。↓（秋）

【直役　じきやく】
船頭や水主《かこ》が、湊から持ち出そうとする品物に対し課せられた、藩に納入する直接税。

【下室仕法　したむろしほう】
天明二年（一七八二）に出された、酒造に関する改革。久保田以外において、麹《こうじ》をつくる室屋《むろや》を、酒をつくる酒屋の下に管轄させ、室株をすべて廃止にした。酒造は、換金のもとである米の消費量に大きくかかわるので、統制することがどうしても必要であった。これまで室屋は、酒屋とは別途に商売をしていたが、個人が室屋から麹を買い求め、隠れて濁酒を製造することが横行したため、そうした密造酒へ大量に米が消費されることを防止するためにとられた政策。久保田町人の中野屋弥助と那波三郎右衛門が担当者となっている。↓（秋）

【地船　じぶね】
地元の船。土崎湊や能代湊に来航する他の地域の船に対応する呼称。

【春慶塗　しゅんけいぬり】
能代の職人が生み出した工芸品。史料的には、「指物師《さしものし》三九郎」、「桧物師《ひものし》庄十郎」の名が確認できる。また、菅江真澄は、三九郎の弟子の庄九郎の塗りがすぐれていると記している。庄九郎と庄十郎の関係は明らかでないが、庄十郎は、文化年間、江戸屋敷に出向いて細工をするなど、藩や他の大名の注文にも応えている。

【白岩焼】
明和七年（一七七〇）の開始と伝えられる、白岩地域特産の生活用瀬戸焼。藩も国産品として保護し、小高蔵人《こだかくろうど》・蓮沼《はすぬま》七左衛門を取立役に命じて郷村奉行の支配とした。天明二年（一七八二）、その瀬戸山への一般人の入山を禁じ、田畑の障りにならないという条件つきで原料の土を自由に採取することが許された。文化十年（一八一三）九代藩主佐竹義和の参勤の帰国の途上で、北家の佐竹義文《よしぶみ》は義和に瀬戸焼の献上を約束している。幕末に近い安政年間（一八五四－五九）の史料によれば、「当村瀬戸山の義は段々御郡方御引立《おこおりかたおひきたて》を以年々焼立《やきたて》、近来別《べっ》して繁昌」と、その生産が盛んであったことを伝えている。↓（角）

【白魚（漁）　しらうお（りょう）】
主に八郎潟で産する。春秋に年二回、船越《ふなこし》村と天王《てんのう》村から藩に献上された。秋の白魚は、多くは間手網と称する網で漁獲した。嘉永年間の記録によれば、間手網を設置する場所は四十八か所と決まっていて、それがすべて船越村と天王村に独占されていた。

【調役　しらべやく】

川方本締役《かわかたもとじめやく》(※)支配。三五名。文化二年(一八〇五)以前は四二名であった。三五人中七人が能代詰め、戸賀詰めが二人、船川詰め二名、土崎詰めが一三名で、このほか、内役という呼称で三名、残りは非番となる。内役というのは、船調役や相検役《あいけん》(※)の手伝い、雑用・台所役である。基本的に、積荷の検査や船内の吟味などにあたった。

【尻打　しりうち】

物資調達や運送にかかる諸経費。

【末広預　すえひろあずかり】

佐竹西家の家臣たちが、困窮のため末広講という無尽《むじん》講をつくったが、最終の段階でメンバーに金の支払いができなくなったために仲間うちで通用するものとしてつくった預《あずかり》(※)。最終的にはおよそ一二万貫文余が発行されたといわれる(「芥川東馬日記」)。

【瀬取　せどり】

沖に停泊している廻船から、その積荷を小船に移して陸上げすること。

た

【大正寺一件　だいしょうじいっけん】

秋田藩随一の河川である雄物川《おものがわ》の水運をめぐって、秋田藩と亀田《かめだ》藩の対立が顕在化した一件。

雄物川は、秋田藩の穀倉地帯である仙北三郡と土崎湊を結ぶ大動脈であったが、大正寺郷において一部、亀田藩領内を流れていた。当初から、亀田藩は、商品を積み込んだ上り船に対しては役銭を課してきたが、年貢米を主として運搬した下り船には課してこなかった。ところが、延宝七年（一六七九）、亀田藩側が下り船にも役銭を課す動きを示したために、秋田藩側と対立。交渉の結果秋田藩はこれを阻止したものの、正徳三年（一七一三）、明和七年（一七七〇）にも紛争が再燃。秋田藩は、運河の開削をほのめかしたり、部分的に陸送を実施して対抗措置をとったが、最終的に幕府に提訴し、裁断を仰ぐこととした。結果として、亀田藩が下り船から役銭を取ることは禁止された。↓（秋）

【館入　たちいり】

藩が、御登せ米（※）や銅、その他の産物の販売や流通を通じて特別に強い関係をもつようになった江戸・大坂商人。蔵屋敷に出入りし、藩の臨時出費などに際しては調達金などの要請に応え援助した。蔵元《くらもと》（※）や掛屋《かけや》などの商人を含めて、秋田藩の場合上方方面の館入は、文久三年（一八六三）段階で六七名におよび、知行《ちぎょう》や禄米《ろくまい》・扶持《ふち》などを与えている。その中心となったのは、蔵元である鴻池《こうのいけ》新十郎・塩屋《しおや》孫左衛門のほか、加嶋屋《かじまや》作兵衛・辰巳屋《たつみや》久右衛門・千草屋《ちぐさや》市郎兵衛・鴻池庄右衛門らであった。

【鋳銭座　ちゅうせんざ】

元文二年（一七三七）、幕府に願い出て、翌年川尻《かわしり》村上野に設置。江戸から鋳銭職人七三名を招いて四月から始動。寛保三年（一七四三）までの公式鋳銭高は、合計五五万三七〇〇貫三〇〇文であった。延享二年（一七四五）、幕府が諸国の鋳銭座廃止を命じたことにより廃止された。

【調銭　ちょうせん】

江戸時代、一文銭の穴に銭ざしと言われる紐を九六枚に通し、それをもって一〇〇文としていた。これを九六銭《くろくせん》というが、これに対して、一〇〇文を一〇〇文そのままとして勘定することをいう。また、その銭。

【鳥目　ちょうもく】

銭の異称。

【附船　つけぶね】

廻船が湊沖に停泊している間、その積荷を陸まで運んだり、逆に陸から本船に売却する荷物を運んだりする役割を担った船。問屋の支配下にあり、その賃金は問屋から支払われた。直接船手と売買交渉することは禁止された。なお、文政五年（一八二二）の段階で、土崎湊の附船業者は一七軒であった。

【土崎湊詰支配目付　つちざきみなとづめしはいめつけ】

三名の配置でいずれも諸士。うち一人が沖口《おきのくち》役所(※)詰で、他の二名は、それぞれ収納方担当・差上米《さしあげまい》方担当となっている。沖口役所詰の職務内容は、沖口役所をはじめ各番所に詰める諸役の勤務状況の把握、他領から入航した者と役人間のトラブルの防止、沖口を出入する品の検分などである。他の二名は、収納米や差上米の造俵の審査とその収納状況の把握にあたった。

【津留　つどめ】
　領内産物の移出を止めること。とくに、その年の作柄に関連して米穀にかんするものが多い。

【椿出入役所　つばきでいりやくしょ】
　現八峰町八森椿《はっぽうちょうはちもりつばき》。秋田藩と弘前藩の藩境はさらに北方の岩館《いわだて》にあったが、海路の御番所は椿村にあった。能代沖ノ口番所の管轄下にあった。

【導船　どうせん】
　入航した廻船を水先案内する船。土崎では、文政年間（一八一八ー二九）の史料によると、株札を与えられていた導船は、「大船」とされるものが四六艘、「中舟」が二六艘、「小舟」が八艘となっているが、それぞれの具体的な大きさは不明。なお、土崎湊の導船会所は新城《しんじょう》町に置かれていた。

【留川　とめがわ】
　留場ともいう。一定の河川水域を期間を限って禁漁区とし、藩主や一門の当主の遊漁の後に、そこを川沿いの村に開放する制度。

【取替　とりかえ】
　金銭をたてかえること。または一時借用すること。

な

【中買　なかがい】
　浜中買ともいう。湊において、一定の条件のもとで積荷を買い取る権利をもった者。問屋支配のもとにおかれていた。規定によると、附船《つけぶね》業者から積荷を買い取ることができるとある。附船業者も問屋支配のもとにあったから、さらにその下に位置するものである。土崎湊では、文化六年（一八〇九）の段階で三二人が確認できる。

【仲立役　なかだちやく】

能代における廻船問屋（※）の先行形態。当初は材木の取引おいて、売方の利益を損ねないようにするために、材木売方の下代《したたい》（※）と買方の船頭を仲介する役目として置かれた。やがて材木だけでなくすべての出商品の販売を、仲立役に独占させることにした。

【長船　ながぶね】

米代川を上り下りして物資や人を運んだ船。不定期運行で、船頭は賃銭を受けて運行していた。

【滑打ち　なめうち】

河川で行う漁法。山椒《さんしょう》の皮を乾燥させたものに灰をまぜ（これをナメという）、それを川に流すと魚がしびれ、水面に浮きあがるところを捕獲する。庶民や一般の武士がこれを行うことは禁止されていたが、「北家日記」を見ると当主は時折これを行っている。

【荷打船　にうちぶね】

難破を避けるために積荷を海中に捨てた船。

【庭銀　にわぎん】

荷物の保管料。

は

【はがせ船　はがせぶね】
中世から近世初期に使われた船で、船底など堅牢な造りであったが、平らなため速度が遅く、やがて弁財船《べざいせん》（※）に海運の主力を奪われた。

【鰰漁　はたはたりょう】
男鹿の両磯（北磯と南磯）および八森《はちもり》の鰰漁が中心。嘉永元年（一八四八）の記録によると、男鹿の南磯では年に平均一万駄、北磯では四～五〇〇〇駄の量が水揚げされている。水揚げされた鰰は、領内各地域のほか、酒田や最上などへ馬や背負い商人によって送られた。八森でとれた鰰も能代や阿仁・比内に送られ、南部や津軽にも移送された。そのほか、多くの鰰が干鰯《ほしか》として魚肥に加工された。鰰干鰯には、大坂館入《たちいり》（※）の久々知屋《くくちや》吉兵衛や、堺館入の酢屋《すや》利兵衛も買入に参入している。

【ばら銅　ばらどう】
御用銅は、一箇一六貫目（六〇キログラム）の造りで、二個を一組として箱に詰めた。この一箇ずつのものをばら銅という。

【疋　ひき】
①絹織物の単位。江戸時代では、鯨尺二丈六尺を一反、五丈二尺を一疋とした。②銭を数える単位で、銭一貫を百疋と言った。また、一分金を百疋とも言った。

【引酒屋　ひきざけや】
酒の小売は、原則として酒造元が行うことになっていたが、近在に酒造元がない場合は町方に限って許可された。これを引酒屋という。振《ふ》売《うり》は厳禁であった。

【飛脚　ひきゃく】

遠隔地を結ぶ情報の伝達機関。藩の急ぎの公用には御小人《おこびと》が用いられたが、江戸－大坂間では民間の三人飛脚なども利用されている。宿駅を駅伝方法で連結する継飛脚《つぎびきゃく》もあった。

【歩一の法　ぶいちのほう】

破船となった船の積み荷は、浮荷物を引き揚げた場合はその二〇分の一、沈み荷物の場合は一〇分の一が、引き揚げた浦への代償として引き渡された。そのルールを「歩一の法」といい、これは全国共通であった。

【船足　ふなあし】

積荷制限を意味する語句。荷物の積み過ぎによる浸水や転覆の事故を防止する目的から、荷物の積載限度を示す印を船腹の適切な場所に刻印した。その刻印が水中に没するほど荷物を積むことは処罰の対象になった。

【船滓　ふなかす】

難破した船の、折れた帆柱や裂けた帆などの船体の部材や、船箪笥のような道具類、船頭や水主の日用品など、海面に漂流していたり、岸に打ち上げられたもの、海中に沈んだものなどすべて。航海の実態や破船の状況を知るうえでも重要であり、綱の切れ端まで拾い上げられた。

【船調　ふなしらべ】

川方元締役《かわかたもとじめやく》（※）支配。入航する船に乗り込んで積荷などを吟味する。諸士があてられた。迅速に調査を行い、些細なことはとがめだてするに及ばないと指示されている。土崎・能代とも二名。

【文金・文銀　ぶんきん・ぶんぎん】

幕府によって元文元年（一七三六）から発行された金銀貨幣。元禄期に発行した低品位の貨幣にかえて、正徳四年（一七一四）以降良質の貨幣を発行したが、流通が滞ったので、元文年間に品位を落として発行した。

【弁財船　べざいせん】

弁才船とも。日本海海運の江戸時代前半は、北国船《ほっこくぶね》という従来型のずんぐりした船形で、帆送と櫓で漕ぐ漕法兼用であった。弁財船は、船底の中心に航《かわら》という丈夫な芯材を用い、横に船梁という肋骨を組み、左右の両舷側を立ち上げて積荷を囲い、船尾を立て、船首も波切を良くした。スピードや安定性もあって、江戸時代後半には日本海運の主流となった。漕ぐ手間が省けた分乗組員が少なく、積荷は多くなった。

ま

【澗　ま】

風波を避けることができる入り江状の海岸をいう。土崎《つちざき》や能代《のしろ》の沖合の停泊に不安を覚えた廻船は、男鹿の船川《ふなかわ》や戸賀の澗に向かうものも少なくなかった。湊とは区別され、基本的には積荷の売り買いはできなかった。しかし、入津する船が多くなると、世話をする船宿ができ、違法な取引をするケースが増え、後に藩は両湊を含めて話し合い、一定の条件でこれを認めざるをえなかった。「介川東馬日記」によると、文化八年（一八一一）三月の船川村の澗には、八〇〇石～一〇〇〇石積の船が二〇艘も停泊しているという記述がある。なお、新屋も、制度上は「湊」ではなく「澗」である。

【万度会　まんどえ】

あるいは「まんどかい」か。年度はじめの二月大坂において行われた、館入《たちいり》（※）主催による集りで、廻米船・廻銅船の航海の安全祈願を行う会。大坂蔵屋敷詰めの役人全員と、蔵元をはじめとする主な館入が参加した。住吉社に参詣し、神楽《かぐら》を奉納したのち拝殿をすませ、その後茶屋で酒宴を催した。歳末には、無事着船したことを祝う同様の会があったが、こちらの方は特別な呼称はない。

【水戸教　みどせ】

川口（水戸）の水流などを監視すること。洪水の時、流木などの被害を予測した。

【迎買　むかえがい】

指定された場所、または市場に運ばれる売荷を途中で買い取ること。あるいは生産地まで出向いて買うこと。藩が禁止していた違法行為。

や

【山新木綿　やましんもめん】

久保田町人山中新十郎が主導する縞木綿織座《しまもめんおりざ》で生産された木綿の呼称。山新木綿の特徴は、その生産工程が、染色部門と機織《はたおり》部門（久保田市中十数か所に機場《はたば》があった）、さらにその前提となる打綿《うちわた》・糸引部門に分かれていた点にある。織元である山中の購入繰綿《くりわた》（※）は、その支配下にある専属の打綿屋《うちわたや》でうたれ、次に糸引の下請によって菅糸《すがいと》とされて山中のもとに返る。これを直営の染場で染色・綾取りまで処理し、最終の機場で織子《おりこ》によって機織りされた。歴史学者の服部之総《はっとりしそう》は、これをマニュファクチュアと規定した。↓（秋）

【養蚕　ようさん】

農民の余業として早くから広く行なわれていた。寛政三年（一七九一）、石川滝右衛門《いしかわたきえもん》を産物方支配人に任命し、技術指導にあたらせている。文政三年（一八二〇）、川連《かわつら》村肝煎関喜内《せききない》が、種紙《たねがみ》（蚕の卵を産み付けさせた紙で、養蚕のもとになる）の領内産を藩に献策するが、同九年、藩はその策を入れ、各地に養蚕座を設置してその開発にあたらせた。これがいわゆる養蚕の殖産政策であるが、天保二年（一八三一）に多額の借財の累積を理由として藩は事業から手を引き、上方商人の請負制に転じた。しかし、この時設置された養蚕方は幕末まで存続し、大坂の豪商加嶋屋《かじまや》から資金の提供をうけて事業を存続している。

【夜廻役　よまわりやく】

川方本締役《かわかたもとじめやく》（※）支配。一二名。土崎詰めが七名。能代詰めが五名。夜中、各番所を巡回することを職務とした。

コラム⑧　秋田米の評価

「秋田は米国《こめぐに》」という考え方は、江戸時代からある。平鹿郡《ひらかぐん》浅舞村《あさまいむら》の僧侶浄因《じょういん》が書いた『羽陽秋北水土録《うようしゅうほくすいどろく》』が幾度も指摘しているし、町奉行であった橋本五郎左衛門も「八丁《はっちょう》夜話《やわ》」のなかでそう主張している。彼らは、だから、米づくりを第一に考えるべきで、他の産業で富を得ることに目を奪われてはいけないと主張する。

江戸時代は、米が中心だったが、それだけで暮らしていけたわけではもちろんなく、生活資材を得るための換金が必要であった。そのことと、右の指摘をあわせて考えると、当時から、なにやら秋田米が高い評価を得ていたのではないかと考えてしまう。秋田から毎年どれくらいの米が移出されていたのか、はっきりとは分からないが、文政年間（一八一八－二九）に、土崎湊で一〇万石を超えると「御祝義」がでているから、一〇万石前後と考えてほぼ間違いない（最も移出が多かった年でも一五万石が限度だろう）。

しかし、これらは、給人や商人の米を含んだ高であり、藩の財政となった大坂への廻米（いわゆる御登《おのぼ》せ米）は、ずっと少ない。一八世紀の中ごろから天保期（一八三〇－四三）まで、藩が大坂に送った米は、約三万石である（一八世紀中ごろ、一時期別米と称してこれに二万石プラスされたことはある）。

毎年一〇万石が大坂に廻送されてくる肥後《ひご》米や加賀《かが》米とくらべればずっと少ない。この「秋田米」の評価に関して、介川東馬《すけがわとうま》の天保八年（一八三八）の日記に面白い記事がある。

今年の相場の最終値は、御蔵米が八三匁、地廻《じまわり》米が八五匁、能代米が八七匁だという。ちなみに、肥後米が九七匁、加州《かしゅう》米が九三匁、雲州《うんしゅう》米が六八匁。秋田米は、以前は雲州米ぐらいの値段であったが、近年は大いに引き上がっている。俵づくりが入念になされ、よく計って米詰がされているからだとは思うが、米の質も良くなっているせいもあろうか。今年の春古米を廻送したところ、兵庫では、肥後米を上回る値がついた。秋田でもこのような米ができるとは思いもよらないことであったと誰もが言っている。

肥後米や加賀米は、大坂堂島《どうじま》の米相場の基準となる銘柄だった。雲州米は出雲地方の米である。以前は、雲州米程度の評価であったが最近は、肥後米や加州米に近い評価を得ているというのである。ということは、逆に言えば、江戸時代の秋田米の評価はそれほどでなかったということになる。「秋田にもか様の米出候事覚申さずと、いつれも申候よし」という最後の一文が、そのことを端無くも物語っている。

コラム⑨ 北前船を考える

北前船《きたまえぶね》という語句は、いまでは知らない人はいないほど一般的になってしまった。しかし、その活躍した時期や、登場の背景まで正しく理解している人はそれほど多くはないのではないか。西回り航路が成立して以来、蝦夷地《えぞち》をめざして北上した船をすべて北前船と考えている人は多い。

けれども、北前船を正しく理解するためには、最低限ふたつの要素を考えておく必要がある。一つは、いつから登場するのか、そしてそれ以前の海運はどうだったのか。二つは、北前船が各港で売りさばいたといわれる蝦夷地産物の生産形態（事情）である。そもそも、大量の蝦夷地産物の供給がなければ、北前船のような商売はなりたたない。言い換えれば、「内地」の蝦夷地産物に対する消費熱や、大量の魚肥《ぎょひ》需要に応えるだけの生産が、蝦夷地においてどのようにして可能となったか、という問題である。

北前船というのは、多くは北陸に船籍を持つ買積船《かいつみぶね》である。彼らは上方の商人と結びつき、大坂への蝦夷地産物の廻送を積極的に行った。これが、研究者によって多少の差違はあるものの、だいたい一八世紀の後半であるとされている。

それまでは、近江《おうみ》商人の経済支配下におかれた船が、日本海を行き来していた。これらの船は、近江商人団の協同雇用船であり、運賃の支払いは前払い、積荷数・船数・廻送方法などは、全面的に荷主である近江商人の差配下におかれた。したがって荷物の回漕にあたっては、船頭自身に取引上の権限はなかった。このような船を「荷所船《にどこぶね》」と呼ぶ。

このような状態に、やがて変化が起こる。近江商人以外の新たな商人たちが蝦夷地に進出し、移出品も近江商人の手を経ないで独自のルートを通じて行うようになる。このようななかで、従来近江商人の支配下にあった船主や船頭たちが、その支配を離れ、次第に買積船としての機能を増大させていくのである。これが、北前船である。

秋田県立博物館が所蔵する「土崎湊歳々入船帳」という史料を整理してみると、二つのはっきりとした特徴が見出される。一つは、一八世紀後半から北陸の船が急激に増加すること、二つは、それよりやや遅れて、蝦夷地船、および津軽・南部船の入港も増加すること、である。前者は、多くは北前船だといえるだろう。しかし後者はそうではない。

また、秋田領の能代に関していえば、江差《えさし》関川家《せきかわけ》の「入船帳」によると一八世紀の半ばから能代船の記載が激増する。近世を通して、日本海運で活躍したのは北前船だけではないのである。

さて、先に上げておいたもう一つ要素、蝦夷地産物の生産形態の問題については、みなさんで考えてほしい。キィワードは、「場所《ばしょ》請負制《うけおいせい》」である。これが、近世の蝦夷地にどのような問題をもたらしたか、たくさんのすぐれた研究があるので、ぜひあたってほしい。

7　学問・教学

あ

【赤津寺子屋　あかづてらこや】

宝暦年間（一七五一－六三）の創設と推測される。大町四丁目に開設された寺子屋。建物の規模は、間口四間（約七・二㍍）、奥行二五間（約四五㍍）の二階建てで、二階に女子、一階に男子を学ばせ、盛んなときには男子四〇〇人、女子五〇人余の子供たちが久保田の外町を中心に集まっていた。一階の大広間では、一人に対して座机と小さい箪笥が一個ずつ与えられ、そこで読み書きの稽古をした。一定した就学年数はなかったが、男子は七歳で入塾し十三歳ぐらいで退塾する者が多く、女子は八歳ぐらいで入塾し十二歳ぐらいで退塾するのが普通であったという。使用された教科書は、「いろは仮名手本《かなでほん》」「商売往来《おうらい》」「実語教《じつごきょう》」「童子教《どうしきょう》」「大学」「中庸《ちゅうよう》」「論語《ろんご》」など、女子については「女大学《おんなだいがく》」「女今川《おんないまがわ》」など用いられた。主宰した赤津氏は、佐竹氏の転封にしたがって常陸から下ってきた武士であったが、故あって士分を捨て医師となり、その子孫がこの寺子屋を開設したと伝えられる。↓（県）（秋）

【医学館　いがくかん】

寛政七年（一七九五）、学館の一部局として設置。内科・外科・産科・鍼灸《しんきゅう》など、漢方医の育成機関であった。職員は、医学頭三名、同見習二名、会頭および同見習五名が置かれた。学生は、勤学が約一〇人、参学が約三〇人、寄宿生が約三〇人であった。御試では上中下の三等級に分けられ、上級合格者には藩医や一門のお抱え医師としての免許が、中等には町・村の医師として治療にあたることが許された。上等の者で町・村の医師となった者には脇指の着用が許された。

【太田寺子屋　おおたてらこや】

土崎湊に近い相染《あいぞめ》新田村にあった寺子屋。創設は寛文年間（一六六一－七二）と伝えられる。

↓（県）

【御学田　おがくでん】

在々給人からの給地の寄付や、学館の経費で買い取った土地で、学館経営の資金源となった。

【御薬園　おやくえん】

文政二年（一八一九）、台所町に創設され、医学生の実習に役立てた。文政八年の「御薬園日記」によると、上通町《かみとおりまち》の瀧口《たきぐち》清五郎が御用聞町人（※）となり、御薬園方の召抱えとなっている。また、御薬園には近所の婦人たちがたくさん見学にきたともある。後世の史料であるが、甘草《かんぞう》・地黄（サヨヒメ）・黄芩（コガネヤナギ）・川芎（オムナカヅラ）など、一二五種類の植物が栽培されていたという。甘草については、領内の有志にその苗を与え、育成を奨励するなどの活動も行った。

【温故書院　おんこしょいん】

文政十年（一八二七）、能代読書所《どくしょどころ》として発足。能代方と学館で建築費を折半するかたちで話し合いがつき、月六回の会日も設定された。しかし、その二年前に学館文学による督学《とくがく》（※）が行われているから、すでに武士の学塾が存在していた。しかし、能代が所預《ところあずかり》（※）の居住する地ではなく、同地域に檜山《ひやま》の崇徳書院《そうとく》（※）が存在したこともあってか、正式に郷校として認められたのは弘化三年（一八四六）であった。名称もこの時命名されている。↓（能）

【御試　おんし】

春秋二回行われた。その内容と形体は明らかでないが、被験者が、儒学の古典のある部分について講釈を行い、細部についての質問に答える形式であったらしい。対象者にかかるストレスは相当なものであったらしく、瀬谷《せや》小太郎が酒祭《さいしゅ》（※）であった一時期中止されている。ここでの成績が、表方役人として進出できるかどうかの大きな判断材料となった。

か

【会読　かいどく】

学館における学習形態の一つ。それぞれが履修《りしゅう》する教材を決め、一人の教授に専属する形で進められた。たんに音読するだけでなく、担当部分についての解釈も求められ、しばしば議論も行われた。儒学の古典のほか、有志による「史記《しき》」や「左伝《さでん》」などの会読会も行われた。

【学長　がくちょう】

祭酒《さいしゅ》（※）・文学（※）・助教の三役をいう。

【家塾　かじゅく】
学術研究の独自性を指導するために個人が開設した塾。私塾ともいう。現在のところ、鹿角・由利地区を加えて八二の家塾が存在したことが確認されている。↓（県）

【学館　がっかん】
藩校。寛政元年（一七八九）、創設の旨が布達され、翌年落成。同五年「明道館」、文化八年（一八一一）に「明徳館」と改称された。単なる儒学教育にとどまらず、事務に精通した人材を育成することを目的とするとしているのが特徴。多くの表方（※）役職について活躍する人材を輩出した。儒学方の他に武芸所《ぶげいどころ》（※）があり、寛政七年には医学館（※）、文政八年（一八二五）には和学方《わがくかた》（※）が設置されている。

【館長　かんちょう】
勤番支配（※）と勤番支配見習の二役をさす。

【教授　きょうじゅ】
学館で、学生の指導にあたった役職の一つ。多くは、久保田在住の諸士より選ばれたが、人物・能力が評価されて在方給人から選抜されることもあった。助教はその一つ上の職。

【勤学　きんがく】
学館学生で給費生。人物および平日の向上などを吟味のうえで許可し、在学中筆墨紙料として銀三〇目が支給された。

【勤番　きんばん】
役職の内容は、二名ずつで夜警・宿直、建物の管理と門の鍵を保管する、朝に読書生（※）に読み方を指導する、会読（※）・輪読を受講し、当番を決めて会頭に質問する、などである。所《ところ》預《あずかり》（※）や組下持《くみしたもち》らの推薦によって在々給人から学問に秀でた者が選抜された。定員は一〇名前後。中でも優秀な者は江戸留学を命じられたり、教授並に推薦された。

【勤番支配　きんばんしはい】

その名称と、当初評定奉行（※）の諸橋文太夫《もろはしぶんだゆう》がその役についていることから、勤番の上に立つ行政官的役職と思われるが、助教の那珂《なか》長左衛門や文学の金宇平治《こんうへいじ》もこの役についているので、教官的側面ももっている。

【敬勝館　けいしょうかん】

評定奉行と郡奉行を兼務した経歴を持つ伊藤裕祥《ゆうしょう》が、久保田中谷地町《なかやちまち》に開いた家塾。内容は朱子学で、およそ三〇〇〇人の子弟を教育したといわれる。↓（県）

【郷校　ごうこう】

藩校の分校として、地域在住の武士の教学の場として設置された機関。寛政五年（一七九三）から同七年にかけて、領内七か所に郷校が設置された。それらはすべて所預《ところあずかり》（※）が居住する土地である。院内の尚徳書院《しょうとくしょいん》、湯沢の時修書院《じしゅうしょいん》、横手の育英《いくえい》書院、角館の弘道《こうどう》書院、檜山の崇徳《そうとく》書院、大館の博文《はくぶん》書院、十二所の成章《せいしょう》書院である。その後、能代に温故《おんこ》書院、刈和野に崇文館《そうぶんかん》、角間川に青松館《せいしょうかん》が設置された。この三か所はともに在方給人が居住したところである。

【講釈　こうしゃく】

祭酒《さいしゅ》や文学が、学館や郷校において、「論語」

「孟子」など儒学の基本的文献をテキストとして行う講義。寛政四年（一七九二）の中山菁莪《なかやませいが》による「大学」の講釈をもって開始。七の日を講義日とした。

【興進堂　こうしんどう】
藩校明徳館で祭酒（※）を勤めた野上国佐《のがみくにすけ》が、天保五年（一八三四）に開設した家塾。国佐が弘化三年（一八四六）年に没するまでのあしかけ十三年間で、数百人の門弟を育てたという。

さ

【在勤学生　ざいきんがくせい】
在々居住の組下給人《くみしたきゅうにん》から選抜され、寄宿生活を許可された学生。組下を抜けて久保田転住を許され、学館の職員として活躍する者もあった。

【酒祭　さいしゅ】
学館の最高責任者。釈奠《せきてん》（※）を主宰することからこのような呼称がつけられた。

【参学　さんがく】
学館の学生。学館の蔵書を利用できた者。勤学生に準ずる扱いをうけた。

【四如堂　しじょどう】
角館郷校教授から藩校教授となった黒沢宇左衛門が、手形新町に設立した家塾。設立年代は正確にはわからないが、文化年間（一八〇四－一七）の前半と推測される。↓（県）

【青松館　せいしょうかん】
初代学館祭酒となった中山菁莪《なかやませいが》が、それ以前から開いていた家塾。浅見絅斎《あさみけいさい》の流れをくむ朱子学を学風とした。角間川《かくまがわ》の学者落合東堤《おちあいとうてい》はその門人。

【釈奠　せきてん】
孔子《こうし》を学問の神として祀り、聖人を尊敬し、師を崇め道を重んずることを目的とする儀式。学館には、孔子を祀る聖廟《せいびょう》が設けられていたが、そこに九代藩主義和《よしまさ》の自筆を安置して、毎年それを礼拝する儀式を行った。

【崇徳書院　そうとくしょいん】
檜山《ひやま》に建設された郷校。寛政十年（一七九八）、正式に崇徳書院として発足。その名称は藩主義和が命名したと伝えられ、現在その献額が残っている。当初は給人たちの消極的な姿勢もあって軌道にのらなかったが、文政年間（一八一八―一八二九）になると、提学（※）や督学（※）も実施され、日常的にも会読会が行われていたことがわかる。↓（能）

【素読吟味　そどくぎんみ】
出仕《しゅうし》予定の者に、出仕に先だって儒学の基本的古典を音読させた簡便な試験。

た

【致道館　ちどうかん】
益戸滄洲《ますどそうしゅう》門下の古文辞《こぶんじ》学者畑駒岳《はたくがく》が、角館に開設した家塾。開設時期は、宝暦末年（一七六一―一二）と推定される。諸橋文太夫《もろはしぶんだゆう》や蓮沼仲《はすぬま》など、実務派官僚を輩出した。↓（県）

【提学　ていがく】

学館の助教または教授（※）が、郷校（※）を出張訪問し、指導・監督を行う制度。原則として毎年実施され、各郷校には一年おきに訪問することとなっていた。通常の滞在日数は三〇日であったが、六〇日におよんだという例もある。

【寺子屋　てらこや】
庶民教育の場となった民間の教育施設。明治二十五年（一八九二）に文部大臣官房報告課から発行された『日本教育史資料』によると、秋田県内で確認できるものは二四九におよび、うち寛政十二年（一八〇〇）までのものはわずか一一で、他はすべてそれ以降の創立である。

【督学　とくがく】
学館の文学（※）が、三年あるいは五年に一度巡察指導する制度。しかし、長期間実施されないこともあった。

【読書生　どくしょせい】
学館の学生で、十五、六歳以下の者。

な

【日知館　にっちかん】
江戸下谷三味線堀《したやしゃみせんぼり》の秋田藩邸内に設置された。漢学の修養を中心とし、学生は約一五〇人で、職員構成は助教一名、教授三名、詰役三名、書記二名であった。寛政二年（一七九〇）に、折衷学派《せっちゅうがくは》で、藩校の設立期に指導的役割をはたした山本北山《やまもとほくざん》が招かれて「孝経《こうきょう》」を進講していた。

は

【武芸所　ぶげいどころ】
学館の敷地内に設置。剣術・弓術《きゅうじゅつ》・槍術《そうじゅつ》・馬術・居合《いあい》・柔術・軍学などの演習を行った。

【文学　ぶんがく】
学館(※)職員の一つ。学館で学生の指導にあたる役職は、下から、教授・助教・文学・祭酒と構成される。

【砲術館　ほうじゅつかん】
元治元年（一八六四）に設置。大砲と歩兵の二科に分かれていた。弓術・大筒・小筒・石火矢《いしびや》などの旧来のものを廃止して、もっぱら西洋式砲術を練習させた。創設にあたって、「開化策論《かいかさくろん》」の著者吉川忠安《きっかわただやす》を砲術頭取《かしらどり》に登用した。

ま

【三輪寺子屋　みわてらこや】
能代に創設された寺子屋。その正確な設立年代は不明だが、三輪氏の系図によれば戦国末期から開かれていたと伝えられる。それが伝承であるとしても、藩内で最も古い寺子屋の一つであると考えられる。

や

【惟神館　ゆいしんかん】
安政三年（一八五六）、吉川忠行《きっかわただゆき》が開設した家塾。のちに砲術所を併置し、あわせて銃砲弾薬などの製法も学ばせた。その指導精神は、一言でいえば「和魂洋才《わこんようさい》」であり、東洋の儒教道徳と、西洋の器械芸術の合理主義を合せたものであった。

【養老式　ようろうしき】

藩主が、身分と性別を考慮しながら、高齢者を称揚し、教諭書《きょうゆしょ》と金子《きんす》を与える儀式。九代藩主義和《よしまさ》の治世である寛政五年（一七九三）から始まるが、藩主在国の八月の実施と定められた。対象となったのは、近進並《きんしんなみ》（※）以上男七〇歳、女七五歳、徒歩《かち》（※）並以下男女とも八〇歳、庶民男女とも九〇歳以上である。

ら

【雷風義塾　らいふうぎじゅく】

文久三年（一八六三）、大和田盛胤《おおわだもりたね》によって平田篤胤《ひらたあつたね》の生家に設立された。小野崎通亮《みちあき》・井口糺《ただす》ら平田国学を信奉する諸士たちによって運営され、秋田における尊王攘夷思想の拠点となった。

わ

【和学方　わがくかた】

文政八年（一八二五）、学館内に設置される。民間の国学者で波宇志別《はうしわけ》神社神官であった大友《おおとも》直枝《なおえ》の献策によるところが大きく、自身、和学取立係として教師も勤めた。大友家は、本居《もとおり》宣長《のりなが》の学風に学び、和学方も日本の古典を学ぶことを目的としたようである。当初の勤学生一五名のうち、大友直枝の門人が一四名であった。しかし、漢学重視の校風のなかでは、和学方の勤学生たちは不遇をかこつ者が多かったらしく、祭酒《さいしゅ》（※）であった野上国佐《のがみくにすけ》に対して、もっと和学方を取り立ててくれるよう、学生たちから願書が出されている。直枝はわずか二年ほどで取立係を辞任している。

コラム⑩ 平田篤胤の出仕と周囲の目線

文政八年（一八二五）、学館に和学方が設置された。しかし、和学方については、学館職員の視線はかならずしも好意的なものではなかった。次は、そのことを示す一例である。

天保十二年（一八四一）、幕府より江戸退去を命じられた平田篤胤が、藩への出仕を命じられ、和学方御用係として授業を担当することになった。平田の著書の内容が幕府の不興をかい、国許への帰還を命じられたということになっていた。

介川東馬の日記に、その平田のことが出てくる。天保十二年十月十七日のこと、介川は、家老職を辞して隠居したばかりの小野岡松翁《おのおかしょうおう》（大和《やまと》・義音《よしなり?》）に、出勤する途中でもよいから、話したいことがあるので屋敷に顔を出すように頼まれた。小野岡の屋敷に寄ってみると、話というのは、

「今度国許に下ってきた平田大学《だいがく》（篤胤）という男は、たいへんな博学の人物で、多数の著書があり、朝廷からも評価を得ているという。迷惑とは思うが、試《ため》に、会って話をしてみてくれないか。」というものであった。

それについて、介川は次のように答えている。

いかよう容易《ようい》ならざる博学、著述抔《など》も大造《たいぞう》の様承り申し候、左様《さよう》候てハ私ごときもの咄《はなし》を承り候とて中々その程合《ほどあい》等相知れ申すべきとハ存ぜられ申さず、ことに同人和学第一ニ候ゆえ必竟《ひっきょう》日本を尊び候ためニハこれあるべく候へども、唐《か》ラの聖人《せいじん》の事をみだりニそしり、武王紂《ぶおうちゅう》

を伐《う》ち候事など甚《はなはだ》もってあいすまざる事、それを後世彼是《かれこれ》申すべきと御賢《さか》しくいろ〳〵もっともらしく申義不届《ふとどき》、周公《しゅうこう》ハ別て人がわるい、孔子《こうし》ハまツ人はよいなど申候よし、左様ござ候えハ何分怪しき事の様ニ候（読み下し文）

要は、平田の学問は、儒学で重んずる聖人をおとしめる不敬なものであり、怪しげな人物ではないか、というのである。当時介川は、一度は隠居したものの、乞われて学館御用係となっていた。小野岡は、天保飢饉の最中に、大坂にあって介川とともに上方の商人たちに頭を下げて大金の調達を実現した人物で、介川とは親しい間柄であったから相談したのだろう。

その平田は、同年十二月、一五人扶持・給金一〇両で召抱えられる。この時平田は六六歳であった。このことについて介川は、「右召し立てられ候御趣意は如何《いかが》いたし候か」「公義より著述御差留《おさしとめ》、国元へ差下《さしくだし》候様　此方様《このほうさま》へ御達これあり候ハなぜニこれあるべきや」と、不満と疑問を隠していない。

介川は、当時の秋田藩では第一級の文人でもあったが、その基本が伝統的な儒学であったことがよく分かる。だが、考えてみれば、中国の聖人を絶対視し、日本の古典を尊重する国学を異端視するというのは、不思議な現象といえなくもない。ただ、純粋に日本の古典を重視した和学方に、平田は「皇朝《こうちょう》古道学《こどうがく》」という概念をもちこんだ。わずか二年後平田は没するが、その影響は小さくはなかった。

【参考文献】

自治体史

『秋田縣史』第一冊　秋田県　一九一五年
『秋田県史』第二巻・近世編上　一九六五年
『秋田県史』第三巻・近世編下　一九六五年
『秋田市史』第三巻・近世通史編　秋田市　二〇〇三年
『太田町史』大仙市教育委員会　二〇一一年
『大館市史』第二巻　大館市　一九七八年
『男鹿市史』男鹿市　一九七四年
『角館誌』第三巻「角館誌」刊行会　一九六八年
『十文字町史』十文字町　一九九六年
『能代市史』資料編近世一　能代市　一九八九年
『能代市史』資料編近世二　能代市　二〇一一年
『能代市史』通史編Ⅱ　能代市　二〇一八年
『比内町史』比内町　一九八七年
『平鹿町史』平鹿町　一九八四年
『横手市史』通史編近世　横手市　二〇一〇年
『六郷町史』上巻通史編　六郷町　一九九一年

個別研究

今井典子『近世日本の銅と大坂銅商人』思文閣出版　二〇一五年
荻慎一郎『近世鉱山をささえた人びと』山川出版社　二〇一二年
加藤民夫『秋田藩校明徳館の研究』株式会社カッパンプラン　一九九七年
金森正也『秋田藩の政治と社会』無明舎出版　一九九二年
金森正也『近世秋田の町人社会』無明舎出版　一九九八年
金森正也『藩政改革と地域社会』清文堂　二〇一一年
田島佳也『近世北海道漁業と海産物流通』清文堂　二〇一四年
豊田武・児玉幸太編『体系日本史叢書・交通史』山川出版　一九七六年
根崎光男『犬と鷹の江戸時代』吉川弘文館　二〇一六年
柚木　學『近世海運の経営と歴史』清文堂　二〇〇一年

主な史料

「鉱山紀年録」（秋田県公文書館）→主に鉱山関係
「御亀鑑」（同右）→主に政治関係
「御用記先例書」（同右）→主に政治・海運関係
「北家日記」（同右）→主に政治関係、コラム
「介川東馬日記」（写真本、同右）→主に政治関係、コラム
『秋田藩町触集』上・中・下（未来社、一九七一－七三）→主に産業・流通関係

辞書類

『国史大事典』吉川弘文館
『日本史大辞典』平凡社
『岩波日本史辞典』岩波書店
『日本国語大辞典』小学館

さ

し

す

せ

そ

た

き

く

け

こ

総　索　引

著者略歴

金森正也（かなもり・まさや）

1953年、秋田県生まれ。
弘前大学人文学部卒、早稲田大学大学院文学研究科博士課程単位取得修了。博士（文学）。
県内高校教諭。そのほか、秋田県立博物館、秋田県公文書館などに勤務。

主な著書
『秋田藩の政治と社会』（無明舎出版）
『近世秋田の町人社会』（無明舎出版）
『藩政改革と地域社会—秋田藩の「寛政」と「天保」』（清文堂出版）
『「秋田風俗絵巻」を読む』（無明舎出版）
『秋田風俗問状答』（無明舎出版）
『秋田藩研究ノート』（無明舎出版）
などがある。

秋田藩小事典
定価〔本体一六〇〇円＋税〕
二〇一八年十二月十四日　初版発行
著者　金森正也
発行者　安倍甲
発行所　㈲無明舎出版
秋田市広面字川崎一一二―一
電話／（〇一八）八三二―五六八〇
FAX／（〇一八）八三二―五一三七
製版　㈲三浦印刷
印刷・製本　㈱シナノ

ISBN 978-4-89544-649-5

◉金森正也の本

秋田藩研究ノート

A5判・一九三頁
本体二〇〇〇円+税

政治、経済にとどまらず、藩校の気風や改革派官僚たちの肖像、大坂藩邸役人の暮らしぶりまでを、知られざる「藩」の内部にわけいって考察した歴史読本。

秋田風俗問状答

A5判・一四八頁
本体二五〇〇円+税

江戸時代後期、諸国の風俗、習慣を知るために幕府は問状を配布、回答を求めた。その影印版と翻刻と現代語訳。注釈と解説のほかカラー彩色絵図20頁を付す。

「秋田風俗絵巻」を読む

A5判・一二七頁
本体一八〇〇円+税

秋田藩の直臣である荻津勝孝が描いた江戸後期の絵巻(横14メートル・縦39センチ)は久保田城下の風俗を克明に描いた紙本着色1巻もの。絵巻を解読する。

秋田藩の政治と社会

A5判・二六〇頁
本体四六六〇円+税

「当高制」の再検討から「郡方」支配考、近世中後期の土地経営、松前出兵、蝦夷地政策まで、広範な論考を修正し、地方紙研究の陥穽を埋める。

近世秋田の町人社会

四六判・四〇〇頁
本体三〇〇〇円+税

江戸時代の秋田の城下町における町人社会がどのような仕組みをもって成り立っていたのか。歴史的に考察する近世秋田文化考。